幸福女人读婚姻

任任艾 著

中国经济出版社
·北京·

图书在版编目（CIP）数据

幸福女人读婚姻 / 任任艾著.
--北京: 中国经济出版社, 2019.7
ISBN 978-7-5136-5565-1

Ⅰ.①幸… Ⅱ.①任… Ⅲ.①女性—婚姻—通俗读物 Ⅳ.①C913.13-49

中国版本图书馆CIP数据核字（2019）第037984号

责任编辑	李　丰　高晓晔
责任印制	巢新强
封面设计	仙境工作室

出版发行	中国经济出版社
印 刷 者	北京艾普海德印刷有限公司
经 销 者	各地新华书店
开　　本	880mm×1230mm　1/32
印　　张	7.75
字　　数	160千字
版　　次	2019年7月第1版
印　　次	2019年7月第1次
定　　价	39.80元
广告经营许可证	京西工商广字第8179号

中国经济出版社 网址 http://www.economyph.com 社址 北京市西城区百万庄北街3号 邮编 100037
本版图书如存在印装质量问题，请与本社发行中心联系调换（联系电话：010－68330607）

版权所有　盗版必究（举报电话：010－68355416　010－68319282）
国家版权局反盗版举报中心（举报电话：12390）　　服务热线：010－88386794

前言
PREFACE

  爱情是美好的。美好的爱情，理想都是走向婚姻。

  婚姻是美好的。美好的婚姻，需要双方用上十二分的智慧去经营和呵护。

  有人说婚姻是女人的归宿，家庭是女人的爱情梦想。每个女人从走入婚姻殿堂的那一刻开始，就希望手握好牌，对婚姻充满了必胜的信心。

  但婚姻不同于恋爱，婚姻涉及了太多的关系，太多的现实琐碎，太多的情感跌宕。万千个重复的日子里，有人会迷茫困惑，有人会忘记初心而动摇于诱惑，有人会误入歧途而找不到归路。

  不是每一个在婚姻里努力过的人都能得到自己想要的幸福，但不努力的人一定等不来自己想要的生活。婚姻的旅途是很难走的，需要付出更多的努力，而努力也是需要有方法和技巧的。

  婚姻里的盲目和不思改变是不可取的，太高看自己和傲娇立世也是行不通的，自私和自卑同样会耽搁自己，太过自强自恋也是不会幸福的。

幸福的婚姻都不是凭空而来的，需要双方有接受和忍耐的品性，有知足知趣懂进退的心性。

婚后的琐事，不可否认会磨损女人的耐心和温柔，会磨圆女人的个性和棱角。当然，也不能否认，在婚姻里的女人也能获得锻炼和提升，学会自我认识和自我成长。

自始至终能经营和掌握婚姻，并在婚姻里获取幸福的女人，必定是一个智慧非常的女人。不骄不躁，不卑不亢；谦逊而容让，自信而真诚；遇事冷静自持，遇挫能屈能伸；对婚姻忠诚有度，对爱人尊重不惯；能辨认现实利弊，能认清情意真假，会用一个成年女性的心智来判断得失。

本书讲到的每一个女主人公，都是形形色色的现实中人，她们大都有着十足的智慧和情商，努力地在婚姻里寻找幸福，或寻找让婚姻更加幸福的方法。婚姻经营之路上的烦扰不可避免，但婚姻里夫妻的智慧却是开路的利器。可以说，男人掌握着婚姻的方向，女人掌握着婚姻的稳定、幸福和前程。如果你在婚姻长路上迷茫困惑、懈怠退缩，希望本书能帮到你，让你看清婚姻里的缺憾和美好，相信爱情，理智应对，自信生活。

目录
CONTENTS

第一章　好婚姻有说不完的幸福

热恋中有说不完的幸福,结婚后又有诉不尽的烦恼。不是已婚的人真的不幸福,是看轻了婚姻,看重了自己;是看重了爱情,看浅了生活;是沉迷于梦想,忽略了现实。爱情给予的是美好,婚姻也一样,不同的是,好婚姻更需要全心全意、相互持平地给予。

第一节　总觉得不幸福怎么办 / 2

第二节　别把未来打包给他 / 6

第三节　夫妻有矛盾,冷静还是冷对 / 11

第四节　不帮女人做家务的男人很流行吗 / 17

第五节　婚姻里的委曲求全和恃宠而骄 / 23

第六节　婚姻里,有所图就有所爱 / 29

第七节　翻查婚姻的陋质有何用 / 36

第八节　爱情是糖,婚姻是蜜,但齐福难消 / 41

第二章　好婚姻不是恒久的忍耐

拜伦说：要使婚姻长久，就需要克服自我中心意识。所谓放眼于对方，置位于对方。再糟糕的婚姻也有原则，再肆意的人也有底线。婚姻不是恒久的忍耐，但也不是恃宠而骄。

第一节　若谈婚姻，带上义气 / 50

第二节　结婚了，旧爱来袭，请只说"安好" / 58

第三节　好婚姻至少有三个特质 / 65

第四节　花他的钱，不一定要被他养 / 73

第五节　别拿婚姻的"缺口"说事 / 80

第六节　别赞得他无处可"逃" / 85

第七节　你若急于补位，就暂许他审美疲惫 / 89

第八节　别伤害男人的自尊 / 93

第三章　　好婚姻允许岔路回头

婚姻考验每个人的坚贞，但坚贞不是一诺一时，而是一诺一生。一诺一生的婚姻若顺风顺水，那是上天的垂怜和偏爱，稀世不可求。大多数婚姻，冲突和矛盾不断，绝望和希望共存，无奈和后悔同在。婚姻平凡，婚姻里的人同样平凡，平凡得会被引入歧途，会被冲毁头脑，会误认悖论是真理，会误解心计是贤淑。佛曰：回头是岸。

第一节　"装"着爱，也没什么大不了 / 100

第二节　如果要为婚姻放弃点儿什么 / 105

第三节　爱情再体验，忽悠了谁 / 109

第四节　婚姻的安全模式 / 113

第五节　婚姻保卫战，有时只需要一颗安生的心 / 118

第六节　婚姻生活，远离"斩立决" / 126

第七节　如想"破镜重圆"，请保证回头是爱 / 132

第八节　婚姻幸福哪能单靠刺激 / 140

第四章　好婚姻没有公平输赢

没有哪个人的婚姻生活平顺安遂，无一丝波澜。婚姻里不能总是自我安慰，但也不能只会自我欣赏。婚姻里有很多不平、不甘、不服和不公，有诸多失望、猜忌、怨责和无奈。选择忍耐还是放弃，选择守护还是争吵，都是一个磨心的过程。过好婚姻生活是个技术活儿，千般滋味若自省，一缕阴霾请自干。

第一节　别在婚姻里独自"装高尚"　/ 146

第二节　在"相爱"和"安生"之间只缺一个逻辑　/ 150

第三节　别沦落到在婚姻里"耗"　/ 155

第四节　爱要什么证明　/ 162

第五节　做饭这等小事　/ 167

第六节　善待婚姻里的小算计　/ 170

第七节　适当的认输就是赢　/ 175

第八节　婚内女人，不会下注就别跟注　/ 181

第五章　　好婚姻要沉下心气儿

没有婚姻是完美的,也不是所有的婚后生活都如糖似蜜,一成不变,双方的热情也未必一直炽热如火。婚姻生活,道阻且长,全力以赴不一定是好兆头,一蹶不振更不是好态度,聪明心机也不是惯用的诀窍。忍耐、包容、忠诚、信任,是经营婚姻需要的品质,彼此学习,彼此珍惜,彼此成长,就最好不过。时光练就心性,婚姻练就耐性,愿你自如安世,不负终老。

第一节　闭眼结婚了,就睁眼生活 / 188

第二节　喜欢在前,依赖在后 / 194

第三节　爱情和婚姻不是一回事 / 199

第四节　谈余生不靠谱,

　　　　将可过的婚姻过下去就是幸福 / 206

第五节　好婚姻不是自己生长而成 / 213

第六节　婚姻里的女人要爱己有方 / 220

第七节　"理智婚姻"是一个骗局 / 225

第八节　所谓幸福,就是两个人"俗气"地生活 / 233

好婚姻有说不完的幸福

第一章

　　热恋中有说不完的幸福，结婚后又有诉不尽的烦恼。不是已婚的人真的不幸福，是看轻了婚姻，看重了自己；是看重了爱情，看浅了生活；是沉迷于梦想，忽略了现实。爱情给予的是美好，婚姻也一样，不同的是，好婚姻更需要全心全意、相互持平地给予。

第一节

总觉得不幸福怎么办

在一个微信群里,和一个多年不见的朋友联系上了,没想到多年不见,她性格仍然没有改变,直爽热情,多愁善感。

我们分开时,她正在热恋中,当我问起她现在生活得怎么样时,她直截了当地说:"生活得不幸福。"我惊问怎么回事,她一时回答不上来,但她颓然的口气,直接传递给我一个意思:一言难尽。

在后来的交谈中,她慢慢地说起了她婚后的不幸福。其实在我看来,她生活得还不错,有房有车,夫妻俩都工作稳定,虽然她赚钱比她先生多点儿,但她先生胜在人很实在、听话,没有不良嗜好,他们有一儿一女,都很听话,一个上初中,一个上小

幸福女人读婚姻

学,花费也不大。

但她却说她生活得一点也不幸福,每天都有操不完的心,有处理不完的烦心事。例如,她和公婆一直合不来,她先生是独子,公婆坚持要和儿子一起生活。住在一起就免不了要参与他们夫妻的生活,而她又是一个不愿落人话柄的人,有时得忍气吞声做到照顾他们周全。她夸张地说:"心里苦啊。"

先生人很好,但结婚后她才发现,男人光人好没用,得能干,会赚钱,能扛得起家里家外的事才行。而她先生从小被家里人娇惯,结婚后根本没有意识帮她做家务、带孩子,每天就是实在地做一份工作,拿一份不高的工资,多年来不上不下,让人着急,她预测如果先生单位裁员,第一个就能轮到他。但先生对上进没有一点兴趣,只看眼前不想以后。

谁都知道婚姻里的事有多繁杂,可她先生就是个甩手掌柜,孩子的学习成绩她管,老人生病住院她操心,连全家出门吃个饭都是她开车。

她坦言,结婚后先生没有去过离家200千米之外的地方;为了这个家她这么辛苦,可先生一句体贴她的话也没有说过,觉得什么都是她应该做的;有时遇到鸡毛蒜皮大点儿的小事也要问她的意见,带着一大家子人生活,她觉得自己好累。

在别人看来她的婚姻家庭堪称和谐美满,可只有她知道,人们所说的幸福,对于她来说那是书本里的词汇。

她说得情真意切,连我都觉得她真的不幸福了。但静下心来仔细分析，得出一个结论：她不是不幸福，而是把自己看得太重要，忽略了感受幸福的时间和心性。

根据我对她和她家庭的了解，我让她认真回答下面的几个问题。

（1）全家除了老人身体有点儿小毛病外，其他成员包括你，身体都还算健康吧？

（2）孩子听话且成绩不差，先生顾家且没有出轨之心，公婆有退休工资且愿意把退休工资都补贴给你们吧？

我的两个问题没有问完，她就打断我说："我知道你要说什么，就是说我比起一些不幸的婚姻家庭，已经够幸运、幸福的了，家人都很给力，要知足。但有这些，真没感觉多幸福，我很贪心吗？"

我说："别急，问题还没有问完。"我有这个意思，但不全是，我想告诉她，家庭结构很好，家庭婚姻幸福的一部分已经确定了。

（3）家里有什么事，你是不是马上身先士卒？

（4）你有没有想过家里有事就通知你老公，让他帮助出主意，出门在外，让他开车？

"他性子慢，和他商量也商量不出结果来。让他开车，不是磨叽就是走错。"她又一次打断我。

（5）你把一些事交代好，离家几天试试。

（6）如果经济没问题，你去200千米之外的地方走走。

幸福女人读婚姻

她说:"我不放心,我怕出外一遭回来,家里就鸡飞狗跳了,到时候劳心劳力的还是我。"我问道:"你怎么那么肯定?"她不再反驳,但看起来也不同意我的说法。我只能说,如果她还是不学着放手,那么她在这段婚姻里只会持续地感觉到累,因为她没有多余的时间去享受婚姻的幸福。

一个女人把多数精力放在家庭上,是没有错的,但人的精力是有限的,不可能面面俱到,你想面面俱到,那就得牺牲自己的时间和精力。而你所牺牲的这些时间和精力本来可以用来做自己感兴趣的事情。

一个女人在婚姻里也不能要求太多,先生顾家了,还要他会赚钱;听话了,还要他会处事;会处事了,还要他浪漫有情调。若是先生具有以上的全部优点,你是不是又会担心自己的婚姻不安全。

一个女人在婚姻里不能把自己当超能战士,觉得家人都离不开自己,一旦自己离开,家里就乱了。而有这种想法的结果是,女人会逐渐成为家里的保姆级人物,自己劳累不说,还把家人惯得无能。所以在婚姻里,女人是不能太高看自己的。

以上这些都是幸福被打折的因素。一个女人忙碌劳累到心无缝隙,哪还有时间去感受幸福?同时,婚姻的幸福也是一种能力,家庭本身的给予是一方面,自己的创造是一方面,而自己的感受又是另一方面。关键就在于婚姻里的女人怎么去把握,怎么去创造,怎么去感受了。

第二节

别把未来打包给他

　　李米和李毅当年结婚，让同事和朋友们狠狠地羡慕嫉妒了一把，郎才女貌，又都同姓李，被戏称亲上加亲，天地绝配。
　　可结果5年不到，这两人就开始闹离婚了。听闻这个消息的人都大吃一惊。听说离婚是李毅提出的。人们不由得就想歪了，这两年李毅也算事业小成，年纪轻轻就升职为部门经理，工作踏实上进，往后升职的空间还很大。而李米原本是一家公司的会计，但结婚不久就生了孩子，因双方父母身体都不好，孩子生来又体弱，没人带，李米就辞职在家全职带孩子，这几年成了名副其实的全职太太。
　　是不是李毅嫌弃李米了呢？因为大家都熟悉李米，就都忍不

幸福女人读婚姻

住劝李毅,李米是个性格温和、谦虚有礼的女人,她这几年带孩子对家庭的付出毋庸置疑。

面对众人的疑问和劝解,李毅却痛苦地说:"我担负不起她的未来,我压力太大了。"于是大家知道了那个温婉女人李米的另一面,她总强调她所有的牺牲都是为了李毅,为了孩子和这个家,所以李毅得负责她未来的幸福。这个要求听起来不算高,在大多数的婚姻里,女人会对男人这么说,或是玩笑打趣,或是真心这么认为,都没有多大问题。

作为一个男人,和自己心爱的女人结了婚,就要尽量保障她在婚姻里能幸福地生活。这是男人应该做的,有什么可委屈的。让李毅感到压力大的是,李米没事的时候就拿此事来与他谈话,强调她为了家庭牺牲了事业,为了孩子失去了前途,岁月流逝了几年后,原本年轻姣好的美貌也都不复存在了,这所有的流失都是发生在与他结婚以后。而他却收获了美满的家庭、稳定的事业和外人的口碑。

所以,她要李毅谨记,要一生对她不抛弃、不放弃、不嫌弃。即使她变成丑陋老妪,他也得把她当成手心里的宝贝疼惜,让她感到幸福,让她不必为以后的生活烦忧,那样才不辜负她对他的一往深情。

这些话也没有错,爱一个人就应该爱她一生到老,但若是认真严肃地拿出来,像写合同似地列出一二三就有些尴尬了。

为家庭、孩子付出了几年,就成了家里的功德人士,那几年就成了家人对她的亏欠，从此要拿一生的服从和无私付出来偿还。如此一来，这爱情怎么看怎么像道德绑架，确实有些可怕。

不说男人能不能保证她后半生的幸福，就这么一锤定音的"合同"也足够吓人的。人的一生际遇风云莫测，谁也不能保证现在日子安稳，收入尚可，生活安详，就没有不可测的旦夕祸福。

再说，一个女人有专业知识，即使为家庭付出了几年，等孩子稍大些后，照样可以融入社会，做一份自己喜欢的工作，不为收入多少，只为了实现自身价值也是可以的，怎么几年光景就觉得此生已定，以后的身家就得男人负责到底了？

孩子是夫妻两个人共同的责任和义务，一个人辞职专职带孩子，另一个人必定要专心挣钱养家，肩上的担子都不轻。我们既不能忘记牺牲事业一方的付出，也不能抹去撑起家里经济一方的功劳。

自此，众人才知道李毅要离婚的原因，李米足够贤惠，但贤惠过头使她失去了重踏社会为自己争取未来的意识，而只把希望寄托于男人。可惜，在这件事上男人的保证是带着条件限制的。这条件就是，女人不能把全部的不幸福、不如意和不成功，都归咎到男人的身上，把付出归为自己的功劳。因为家庭的一切都是共享的，要是男人追究起来，他会不会觉得自己工作辛苦，全年无休，享受得最少，也最委屈呢？

在这个事例中，作为男人的李毅有自私逃避的一面，没有

幸福女人读婚姻

正确引导妻子，但也有可原谅的一面。而作为女人的李米责任更大，把未来打包给一个男人，这种做法着实不明智。

前段时间热播了一部家庭伦理剧，里面有一段我觉得最能代表男人的心态，当女主角的前夫指出他们当初离婚不单是他出轨的问题，她也有很大的责任时，女主角也拿出所谓的自己是响当当的大学生，舍弃事业为家庭牺牲有哪点对不起他来说事，他前夫就说，这就是压力的来源，她生气、愤怒，这表明她从心里是不情愿的，觉得自己是委屈的。而她的这种不情愿的牺牲会让他有压力，想逃脱，想过轻松的日子。

生活中这样的"贤"妻很多，不少都是有知识、有能力的优秀女人。但屡见不鲜的社会事实是，这样的女人也常常遭到男人情感上的背叛，其实男人不是不爱，是爱不起，不敢爱了。

男人们说的压力绝不是为自己找的借口，试想一个男人能同意妻子当全职太太，那么他一个人的收入应该是能负担得起家庭开支的。所以，男人感觉到的压力不是经济上的，而是精神上的。女人时刻让男人知道她不是没有能力，而是因为这个家才放弃了她大好的前途。暗藏的意思是，她为这个男人已搭上了身体和时光，还有在社会上闪闪发光的机会，这一切都不是金钱可以衡量的，即使男人对她付出一辈子的好都是应该的，这还不够，还得加上歉疚和感恩的心才行。试想这样沉重而昂贵的未来，哪个男人能担负得起，又有几个男人愿意无怨无悔地担负呢？

有的女人把男人的逃离浅薄地归咎于自己不再青春的容颜，

当然，不否认有一些这样的男人；有的女人觉得经济不独立，缺少自信，对男人的关注过多，让男人感到了禁锢，所以男人要逃。这都不是症结所在，女人要解开"症结"，得学会做一个"无压力"的贤妻。即使做全职太太是自己的无奈之举，也要找到让自己平衡的调节方法，这样才不会使自己感到失落和委屈、不平和不甘，怀着这样心态打理家事的女人自然能发现生活中更多的美好，也能让男人感到婚姻和家庭美好。这种情况下，男人即使有些许压力也会变成动力，你的未来也就是他奋斗的未来，哪里还需时刻耳提面命地给予警示呢？

在婚姻里，平等契合的相处是义务和责任，安定和谐地走下去是最终目的。没有谁一定要担负对方的未来，未来是两个人共同的事。

第三节

夫妻有矛盾，冷静还是冷对

朋友芊芊，人如其名，袅袅身材，笑容甜美，但个性却和名字相悖，有些拗。一次和先生因炒菜放辣椒多少的问题吵了起来，吵开了就互不相让，最后竟然上升到前所未有的激烈状态。先生比芊芊小了近三岁，脾气急躁，平常都是芊芊包容他，这次芊芊也生气了，于是两人都失去了理智，没想到芊芊的先生一气之下玩了老套的离家出走。

一个年轻男人和妻子吵了几句嘴竟然玩离家出走，把芊芊气得直跺脚。但冷静下来后，她还是觉得自己的错好像多点儿。多大点事啊，硬是闹成家庭大战划不来，但让她低眉顺眼地把先生哄回来，无疑会助长先生的脾气，而且他永远也不知道反省。婚姻之路漫长，要是以后先生次次因一点儿小事就离家出走，她可受不了。

让她没想到的是，过了几个小时后先生自己回家了，然后就像什么事也没有发生一样，但就是不理她，这时芊芊心里又生气了，觉得先生这是在故意气自己，所以两人就开始冷处理。芊芊性格执拗，先生终于是拗不过她，几天之后主动跟她说话，但她依旧赌气不理会先生。

芊芊的先生发现她一直拉着脸对他，恩仇难泯，也忍不住生气表态："我都意识到错了，已经低眉顺眼地求和了，你还要怎么样？难道还要我给你下跪不成？得，你不理我，我也不犯贱了，我也不理你。"

什么冷淡的话只要一摆到明面上就变成了无情。夫妻吵架本来就是一个巴掌拍不响的事，谁又能欠谁多少？于是乎两个人就开始了冷对生活。这样一冷，竟然冷了好几个月，之后就传出了他们婚姻不保的消息。

等再次见到芊芊的时候，她的婚姻真的走到了尽头，他们的婚姻仅仅维持了短短的两年零两个月，当初两人的姐弟恋演绎得轰轰烈烈，到头来却是这种结局，让人唏嘘。

事后，芊芊说起这件导致他们婚姻解体的导火索事件，也很是不理解当时的自己，先生和自己吵架后自行回家了，这是多好的事，他不提，她也不提，那件小事就过去了，自己为何还要生气，非要他口头道歉。他后来口头道歉了，自己为什么又嫌来得

读婚姻 女人 幸福

晚了，态度不真诚。芊芊无奈地总结："自己是太把那件事当大事处理了。"

生活中有哪对夫妻没有拌过嘴、争吵、怄气，甚至离家？但又有多少对夫妻，因为这样的缘故就离婚？夫妻间吵过闹过，气过哭过，离家过，冷静个把时辰或几天，男人想通了，女人气消了，男人给个台阶，女人就顺坡下驴了，或几个亲戚朋友劝几句，就一笑泯"恩仇"了。哪能一冷，冷对上百天。婚姻生活，上百天在同一屋檐下冷眼相向，再好的感情也会冷却。

现实中夫妻间的小吵小闹都与时俱进地交织在婚姻生活里，处理的方式也五花八门，总之吵闹着、协调着走下去的居多，而事后忘记吵架的理由的更是常事，就好像没有发生过一样，说起来像是笑谈。其实，随便问一个已婚的女人便知这简直就是婚姻里的常态，哪能算事儿。

如果婚姻里的两个人因一时生气，横眉竖眼过后的残渣还遗留在婚姻的生活里，因爱人一时的口无遮拦言语刺激误伤了你的小自尊或打击了你的小骄傲，你就不能释怀，不听解释劝告，油盐不进地冷对到底，是极不明智的。冷静处理婚姻里的小矛盾可取又不失为正确的方法，但冷对却是冷静的终极版，也预示着对事情不负责的搁置和逃避。

同事刘大姐年近四十，工作很是上进，积极认真，人缘也很好，但她的好人缘真不是她好脾气得来的。刘大姐脾气火爆，和同事因工作中的事情没少起过争执，她还很固执，有时坚持己见,为此有时会和同事争得面红耳赤。

说实话,现在像刘大姐这个岁数仍这么热忱直爽的人很少了,工作中也少不了有同事受不了她这样的"热忱"。但她又有一个很大的优点,就是过后会冷静思考,知错就改。

刘大姐冷静过后就是不管同事是否生气,是否给脸色,她都会真心实意地当面道歉,还不耻下问。另外,她还会分析利弊,结合自己和同事的想法把工作做到最好,面对这样的工作伙伴任谁也再没有了火气。

时间久了大家都知道刘大姐的为人,熟悉之后也都很佩服刘大姐能屈能伸的个性,有困难就克服,遇到矛盾就解决,她深知矛盾越拖越深的道理。有开玩笑的就调侃起刘大姐在家里是否也是这样处理和先生之间的矛盾的。谁知刘大姐一拍大腿,醒悟般道:"对呀,我怎么没想到呢?"

大家在愣神中听完了刘大姐概述了和先生的故事,别看她平时在工作中这样明是非,其实在婚姻里,她挺任性的,先生人好,性格好,平时都特别容忍她。可是前几天,因为女儿上学的问题与先生有了点儿小矛盾,她坚持女儿考重点高中,但女儿学习成绩不理想,所以她到处给女儿找辅导班。而先生主张女儿考离家近的普通高中,女儿成绩一般,被逼着上重点高中,对她也是一种压力。刘大姐坚持己见,没想到先生在这件事上也坚持己见,毫不妥协。因此,她已经和先生冷战好几天了。

先生这次态度坚决,根本没有妥协的意思,她冷静了几天

幸福女人读婚姻

后,觉得自己有些偏执了,但也没有妥协的意思。她想的是,就这么拖着,反正老夫老妻了,还能怎么样。自己每天工作就够累了,他还要跟她闹,所以她的态度就是:不去管他,都好好冷静冷静。

可现在一想,他们已经有十天没有好好说话了,这在她的婚姻史上还前所未有。"这事处理不好,简直就是我人缘史上的耻辱啊。"大家夸刘大姐处事有方,所以人缘好的同时,刘大姐顺着大家也夸大其词地顾左右而言他。

第二天,刘大姐精神饱满地来上班。马上大家就获取了刘大姐完美地调和了与先生矛盾的事。

据刘大姐讲,她诚恳地向先生道歉,最后先生看在她真诚的分上接受了她的道歉,还说,他并不在意她的道歉,而在意的是她对他的态度,近十年的婚姻,都是他在包容她,这次在女儿上学的大事上,为了女儿的快乐,他不想让步,他不要求她容让他,但不能理解她对他无视和冷淡的态度,这段时间他甚至怀疑他们的婚姻。

刘大姐呼出一口气,夸张地说道:"差点大意失婚。"生活中有些女人如刘大姐一样,工作中处理危机游刃有余,冷静干练,能屈能伸,但在婚姻家庭中却冷静不下来,而且拖拖拉拉,心存侥幸。觉得婚姻里的对方是自己人,怎么样都得罪不了,不用费心费力去维护。有矛盾就那么放着吧,放着放着矛盾自然就过去了。

殊不知，婚姻如人，因人而异，婚姻里的人的内心容量是多少，接受程度就是多少。光顾自己，不置身为对方着想，那就是自私了。

婚姻里夫妻有矛盾很正常，横眉冷对也是常态，但冷对和冷静却是不同的状态。冷对的适可而止是冷静，冷静的无休无止是冷对。婚姻的温度和质量靠冷静保质和提升，但冷对只会使婚姻的气息冷却。从而使夫妻双方会因冷对凸显和放大对方的缺点而看不到对方的优点，如此僵持的婚姻也就濒临解体的边缘了。

婚姻不是儿戏，让婚姻毁于一件无谓的小事，也有点可笑，但夫妻间像"炒菜放辣椒多少"之类的小事永远不可避免，如果遇事就持冷对的态度，那婚姻早晚会遭遇危机，横眉冷对永远是婚姻解体的一把利斧。

婚姻要修炼到琴瑟和鸣的和谐，是两个人的共同努力，横眉竖眼时刻是婚姻路上不可或缺的台阶，冷是态度，冷静则上，冷对则下。横眉允许，但只能冷静不应冷对，当婚姻路上遇见台阶，冷静不冷对才是明智的选择。

第四节

不帮女人做家务的男人很流行吗

和好友们吃饭后闲聊，女人的聊天话题，永远不外乎婚姻、家庭、先生、孩子。我生生看着紫霄和楚楚两位好友，从美容八卦聊到在家里先生不帮自己做家务是对还是错的问题，然后两个人便开始了不可开交地辩论。

楚楚的口才是从大学辩论社开始练就的，工作性质更是和各色人等打交道，强势独立而善辩；紫霄是一个办事处的普通工作人员，除了和好友话多外，基本属于贤淑安静型，她工作之外的全部重心就是家里的两个孩子和先生。

特别是二宝出生后，紫霄和好友单独出来吃个饭的时间都是挤出来的，工作还好说，但对于家务她常感叹，多一个孩子的幸福无可言表，但多一个孩子的忙乱也是一言难尽。

她感叹先生回家不怎么帮她做家务，说她自己也工作了一天，回家还要照顾两个孩子吃穿拉撒和做作业。而先生回到家，家务基本不管，除了看手机，就是看电脑，然后睡觉，一觉到天亮，中间孩子哭闹，连醒都不会醒。

紫霄情绪很低落，觉得先生变了，他以前不是这样的，现在看着她一个人忙来忙去，也不会帮她。她如今都怀疑他们婚姻存在的意义和安全性了。紫霄的先生，我们都认识。据了解，他人还不错，对工作和家庭也都是很有责任感的。

楚楚是职场女强人，眼观六路耳听八方，马上给紫霄分析：第一，他有没有出轨迹象？工资奖金的回笼有没有变化？应酬有没有无故增多？近期有没有对你有过分地示好和无端献殷勤的行为？

这一连串问题，紫霄统统摇头。表示除了这两年不帮她做家务，先生和往常一样。"傻，就知道抓住做家务这点。"楚楚有些恨铁不成钢。

第二，你们结婚6年，刚结婚的时候，他帮你的时候多吗？生第一个孩子的时候帮你做家务吗？你细想这6年来他帮你做家务的时候有多少？

紫霄仔细一想，立即沮丧地回答："真不多，刚结婚的时候，他有些大男子主义，也不怎么会做家务，一直都是我在做，没孩子的时候，家务不多，生第一个孩子的时候，有父母帮忙，幸福女人读婚姻

我工作也不忙,还做得过来。如今,父母身体不好,又多了一个孩子,没有帮手,生活一下子忙乱得让我有些吃不消"。

第三,如你所说,这就是你的问题了,结婚6年来,你的先生自始至终都没有参与到帮你做家务的这项工程里,你现在才发现并要求他,肯定是不行的。你为什么不一开始就引导他帮你,为什么你生孩子、打扫卫生、洗衣做饭一肩挑。你这样做的后果就是,他认为做家务这块就是你应该做的,而且在你们只有一个孩子的时候,你工作家务两不误,现在多一个孩子,他就会觉得这又有什么了不起。

紫霄阻止楚楚再说下去,经楚楚这么一说,先生怎么有对家庭不负责任的嫌疑,先生对她还是很好的,工资奖金都上交给她,平时还抽空接外活儿赚外块,收入也交给她,也从不阻止她的花销,还声称,他挣钱就是给老婆孩子花的,在他的能力范围之内,随便她花。

楚楚忍不住了,就开始说她分析的第四条。

第四,这就说到工作分配了,在你们的家庭中,你工作相对轻松,就你工作的那8小时也和休息差不多,你挣的那点儿工资连你一个月买两身衣服都不够,别说养两个孩子,你先生的工作性质完全是用脑,加班还是常态,每天是够累的,而且为了你能在他的能力范围之内随便花钱,还要不定期地接私活儿赚外快,你肯定他每天回到家看手机、看电脑时是在消磨时间,而不是在工作?你肯定他每天倒头就睡不是累的?

这话风怎么就转方向了。紫霄反问楚楚,她到底是女权主义还是男权主义。楚楚不理会紫霄的反问,说她的第五条理论。

第五,前段时间网上流传一个视频,是一个家庭主妇拍的自己一天的工作,她丈夫看了很感动,觉得妻子很伟大,很对不起妻子,因为他一直都认为家庭主妇不累,而他在外工作才是累的,妻子就用一段视频来证明他们是一样累,只不过是为家庭付出的方式不同而已。你现在的状况也就是和那对夫妻差不多,你认为你足够劳累,而先生足够清闲,你为家庭的付出是大的。而且现在忙不过来,你需要他来帮你,可他竟然不帮你。这个男人一直在家庭里好逸恶劳。其实你没有错,他也没有错,因为本身他没有做家务的习惯,结婚6年来你没有引导他做家务的习惯,同时,他工作也很辛苦,根本就没有想过这个问题。而你自婚后几年来,一直做家务照顾孩子很是顺手,也没有喊过苦累,那一定是你能承受的,现在承受不了了,是非常正常的,这时候你怎么不求助呢?你不说出来,而是想要他主动看到你撑不了而心下醒悟悔恨。你也知道这是不太可能的。

他的精力恐怕都用在怎么赚钱上,家里毕竟多了一个孩子的花费,他从来没有想过家务的问题,肯定也没有心思细致到发现你精力不济的问题,因为你只是在心里发牢骚,表面还是精神抖擞,如果你向他提出你现在一个人兼顾不了工作、家务和孩子,他要置之不理,那就是他的问题和这个婚姻有无存在价值的问题。他要是积极回应你,并和你想办法解决这个问题,那他还是

幸福女人读婚姻

一个好男人。你的怨责只是你自己的问题。

如果你以后想让他在闲暇之余参与家务，帮你分担一些，你也需要明白一些事情。首先，他不是帮你，而是共同来为家庭做事和付出；其次，要把这当成是婚姻里的乐趣和责任，是需要你们一起来承担的；最后，就是要主动把心里的想法说出来，婚姻里的好男人都是妻子教出来的，不是男人自己悟出来的。毕竟男人和女人是不同的个体，拥有不同的脑半球，想法和认知即使吃一锅饭也会差之千里。男人多数性格粗糙，你遇上的是木讷心粗的男人，你就别用心细如发来要求他。改变不了世界就改变自己，改变不了男人也改变自己。想让男人帮自己做家务，那就从自己做起，改变策略。

楚楚说得激昂，条理分明，逻辑得当，紫霄听得瞪大眼睛。无奈地连问了两个问题："现在不帮女人做家务的男人很流行吗？怎么你看起来很认同？""你在你自己的家庭里也是这么经营的吗？"

楚楚听出紫霄话里的揶揄，只回答："做家务的男人也不流行，各家情况不同，因人而异。我家里是这样，能者多劳，不能多劳就另说。"

楚楚和紫霄的争论终于告一段落，同行的女人们听得津津有味，各怀心思，但大都赞同。

其实婚姻里的家务真没有帮不帮的问题，家务是共同的，能者多劳也有道理，但大多夫妻双方在家庭里的分工就是各负责一块，男人对于家务只是不擅长而已，如果他心细敏感而又勤于动手做，那最好不过。但如果他不善此事，或心思达不到这个方向，你又不愿独自承担，就应该从多方面引导他，说你自己很累，忙不过来，或假以培养他的兴趣爱好，或弄个浪漫的由头来教他，都是很不错的办法。

　　婚姻里的事务繁杂而琐碎，如果拿一件小事来斤斤计较，来评论对错，都是没有尽头的，只会平添不必要的烦恼。先从自身出发，从各个方面着想，然后拿出最利于婚姻稳定和幸福的方法，才是智慧的女人。

　　同时，一件小事，如果婚姻里的女人能不伤害自己和爱人，通达地梳理，也有利于自己身心健康，因为婚姻长路上，这样诸如此类的小事肯定数不胜数。

第五节

婚姻里的委曲求全和恃宠而骄

每个好婚姻里平静和安适的状态，并不是一开始就有的，即使经历了长时间的热恋，或者是一见钟情，两情相悦，进入婚姻后的摩擦和不适应还是会如宿命一般存在着。

素素是一个非常识大体的女人，她自知懂进退，认识她的人都觉得素素在婚姻里必定很会处事，能把自己的婚姻经营得很好。对于这点，素素本人也很自信，其实不然。素素的婚姻初期也经历了一番低潮期。

素素和先生是通过相亲结合的，不同的是，素素在婚前经历了好几段恋爱，都是无疾而终。其中的一次她差点就结婚了，却因男方家长对她在工厂工作颇有微词而没结成，她也是赌气，就以不结婚为由拿乔，没想到男方却在她的执拗和家人的胁迫之下放弃了她，她悔不当初，后悔自己为了一时之气葬送了自己的幸福。

素素如今的先生各方面条件都不错，恋爱史单纯，而且比她还小两岁，本来公婆对她也不太满意，觉得素素除了长相端庄、性格温和，其他方面都配不上自己的儿子，但素素的先生当时很坚决地站在了素素这边，并联手素素一起说服父母接受了她。素素很珍惜他们的婚姻，同时，一直对先生当时的义气行为很感激。庆幸自己找到了一个能同甘共苦的人。

可事实上，素素刚一结婚，就发现先生非常大男子主义，对自己认为对的事情坚持己见，并不会因为素素的劝阻和建议而动摇。

例如，素素的先生喜欢紫色，他就会要求素素多买紫色的衣服，家里从窗帘到家具基本上都是紫色系。但素素觉得紫色冷清且单一，而且她认为这等小事，她是应该有自主权的。所以，她擅自换了窗帘和厨具，先生表面没表示什么，但此后常对那些东西挑东挑西，两人常因这些事发生口角，感情也因此受创。素素觉得为这些琐事吵架，伤感情，划不来，就只有依照先生的喜好把一切恢复原样，日子就又回到之前的和美状态。

素素的先生并不偏执，而是很自我。但婚姻里，一个人如果自我意识太强，为了婚姻的稳定，另一个人就得自我意识淡薄，否则，根本过不下去。

幸福女人读婚姻

一次,素素和先生请外地来的朋友吃饭,本来按照常理,都是请外地的朋友吃有本地特色的饭菜,但就这个问题,素素和先生又一次产生分歧。素素认为请朋友去档次中等,但饭菜特色浓郁的饭店,而先生则坚持去高档饭店,显得有诚意和高大上。其实,他们这位外地朋友是很有钱的,工作也是整天坐飞机全国各地飞来飞去,高档饭店屡进不鲜,高档饭店的饭菜地方特色不强,大家的经济状况又互相了解,这样打肿脸充胖子的行为,很没有必要。

但先生非常坚持,素素辩驳,没想到先生来了一句:"这是我的朋友,我做主。"这句话把素素置身事外,素素很气愤地回他说:"那既然没有我的事,我不去陪可以吗?如果我的朋友来,怎么招待他们可以不用跟你商量吗?"先生虽然有理亏的样子,但并不认错,仍然按照自己的意思订了饭店。而素素最终也因为那位朋友的盛情相邀不得不去作陪。但整个吃饭的过程,那位朋友一直说,他们太破费了,让素素觉得很尴尬。

这样的事在婚姻里有很多,例如,婆婆的大姐来家里,她要送什么礼物,都要听先生的。先生的自我意识强到让素素觉得他自私独裁。他坚持的东西,不听他的,他就寻衅挑事。如果她不忍耐,婚姻里就战火不断;但忍耐下来,她又觉得自己委屈。在这样的婚姻里她毫无存在感。

两年的婚姻生活过下来,素素心里烦躁郁闷,可别人都羡慕她的婚姻幸福,两人琴瑟和鸣,郎才女貌,很相配。只有素素知道这都是她单方面的委曲求全得来的。

而且几乎每件事都在委曲求全，不然就要吵架生气。素素不想轻易输掉婚姻，就坚持忍耐。但是人的忍耐是有限度的。一次又因为买一套茶具，在选择花色上，先生出面干涉她，她终于爆发，说先生自私霸道，只考虑自己的感受，偏执、大男子主义、控制欲强，她觉得自己在家没有地位、没有自我，更没有自由，她要离婚。

素素的先生在极度诧异之后，认真地就这件事做出了他自己的回应。

第一，他承认自己某些方面自我意识过强。但同时指出素素也有问题，素素做事犹豫不决。举一个最近的例子，就是这次买茶具事件，她决定一套茶具的花色，用了两个小时，先后看了不下28套，跑了3个商场，而这个过程他一直陪同。最后看不下去了，就按自己的喜好决定了。

第二，素素和朋友交往，工作、工资、花销，甚至对娘家人补贴、送礼等，他从不干涉。这能叫在家里没有自我？夫妻小矛盾是婚姻内部矛盾，但凡有外人甚至包括父母如果在言语或行动上欺负她，他哪次没有站出来维护她？这叫没有地位？

第三，说到自由，先生让她自己想，工作上，先生早就表态，如果她觉得累就辞职；嫌烦，就跳槽，他会养她，从一而终。还有说走就走的旅游，他从不干涉，只不过在选择路线上会干涉，这也是为了她的安全考虑。

幸福女人读婚姻

第四，如果离婚是素素执意要做的事，离婚能让素素觉得比在婚姻里更自由快乐，他会斟酌成全，会忍痛割爱，并会把婚后财产的大部分给素素。

素素的先生又说了第五、六条，不知是先生的口才好，太讲道理，还是素素太通情达理，总之素素听了先生的一席话，她怎么感觉是自己在这个婚姻里矫情了，在这个婚姻里是先生一直在委曲求全，而自己只不过是恃宠而骄罢了。

先生说的那些事确实发生过。结婚才两年，就有这么多可举的事实，和她对他的不满一样多。这样的翻转让素素很难接受，但她毕竟是一个经历过情感动荡的女人，自知和理智马上占了上风，她很明白先生是在引导她认识到：她在家里是拥有很多自主权和自由的，从他自身来说，他宠溺她，而他自己只不过有一些暂时改变不了的固执和喜好，难道她都容忍不了吗？

素素很愤然，但没有被愤然的情绪冲昏头脑，她很快清醒过来，特别是先生听到离婚时的态度。离婚可以衡量一个男人的人品，一点没错。结婚两年，素素在婚姻里的贡献不多，这时她才发现，她这两年的时间全用来发现先生的缺点和哀怨自己的命运不济了。从没有反省过自己，即使离婚也是一时生气提及，并没有真拿来当回事。

但先生一当回事，她就警醒了。一个人怎么能犯两次同样的错误呢？难道要像上次一样因为自己的意气用事而毁掉自己的幸福？仔细一想，先生所谓的大男子主义也是两面性的，一方面带给她烦恼，但另一方面也带给她安定。否则，哪有闲情委曲求全呢？

现实中的很多婚姻里都有素素这样的情况，很多女人觉得自己在婚姻里付出的多，忍受的多，诉起苦水来，个个都有一箩筐的委屈，但都遗漏了一个问题，没有站在对方的角度去看问题。

不是说让所有的女人都不诉辛苦，只说幸福。但庸常婚姻里那些对男人不满、对对方抱怨不止的女人是应该意识到，如果他一无是处，你肯定早就离开他了；如果缺点恶贯，你早就不是有空就喋喋不休地向人诉说，然后收起情绪再回家做饭的状态；如果你还能在根本就没想过离婚的情况下提出离婚，你就是恃宠而骄了。但如果他能正确而认真地对待你的"恃宠而骄"，你真应该庆幸，对方是一位多么古板、严肃而又有责任感的男人。

婚姻里的许多事情，都不能讲理，也不能较真儿，婚姻里的委曲求全也都有两面性。置换身份后，每个人都有委曲求全的方面，既然如此，那么对方的某些缺点也是可以容忍的。如果置换思维想问题，婚姻里很多的委曲求全其实也是恃宠而骄。如此想来，很多在婚姻里的女人内心就会很平衡，也会安生自处了。

第六节

婚姻里，有所图就有所爱

一个朋友直白地说无论婚姻还是爱情都是一场各有所图的盛事，最后爱情修成正果，婚姻落地成型，只不过是双方达到了一个最佳的黄金平台。她知道这话说得刻薄，肯定会被唯爱为高人士所鄙视，所以补充了一句：不图对方的家境、收入、工作、地位、身高、相貌、性情、喜好、修养、脾气等，那爱什么？难道就爱除去这些以外没有灵魂的躯体？

这话很让人无语。因为庸常的事实显然是：人若无所图，心便无所爱。

身边有很多婚姻里或恋爱中的女人说过一句看起来很高尚的话："我根本不在乎他家的钱，我就图他这个人。"那图他这个人什么呢?也许是长相英俊,或是性情良好,或是有理想抱负,或是会哄女孩开心,这些总有一样是自己所图的。在这些众多可以所图的条件中,现实情况是,金钱大多是排在第一位的,但也是被排斥的。即使女人坚定自己的立场就是图他的人,但当男人拥有其他条件中的一项或几项可就是穷困潦倒,大多女人还是会再考虑考虑的。

其实爱情中的所图没有错,世俗的男女也需要世俗的生活才正常,刻意撇清或证明自己无所图反而才有问题。

我认识的一个女人玛丽,性格磊落,做事豪爽,虽出身农村但凭自尊、自爱、独立、坚持,自力更生读完大学,在工作收入稳定之际,她和一个男人坠入了爱河,准备闪婚,没想到遭到未来婆家的严重阻挠,理由是怀疑玛丽图男方家的钱。因为玛丽男友长相、工作都一般,只有家境还算殷实。

玛丽气愤难当,她的个性绝不允许自己被扣上这样的帽子,她毫不犹豫地跑到未来婆家,当着所有人的面表明自己的立场:对于他们结婚的所有费用,包括酒席、房子、家具的钱她要承担一半,如果还是怀疑,她同意去做婚前财产公证。玛丽的意思是:要是图你们家点什么,能做到这地步吗?

婆家人再没话可说,但也没显出多高兴,玛丽进出未来婆家,每个人都对她客气有礼、不冷不热,就像她是要债的。而且自从玛丽这一大气的举动之后,男友反而对她有一肚子意见,觉得她对他家人不尊重,不把他家人放在眼里,更怀疑玛丽对他的

幸福女人读婚姻

爱，因为家境稍好是男友唯一觉得能配得上玛丽的地方，可玛丽连这个都不图，还要公证来证明自己的清白，只能表明玛丽更爱自己的形象。自此两人矛盾不断，最终婚没结成以分手告终。

当一个女人铿锵地将自己无所图的诺言转化成行动来证明时，动机是让人怀疑的，爱为何要这样赤裸裸。爱男人，不看重使其耀眼的东西是说得通的，但完全不重视那些是说不通的，这只能证明女人的自卑和虚荣的矛盾心理，只希望所有人都看不见自己偷着乐，或让所有人都无思想地"看见"男人娶她才是中了大奖。

人都不傻，婚前婚后的男女，在相处的许多事情上，虽说方式如跷跷板，但一方明显"不图"的方式，直接就是个打压和威胁，会让人如鲠在喉。即使结婚也会让人不舒服。因为男人也会想，连自己最好的一面都不被女人所爱，还能指望她爱自己什么。无缘无故的爱情谁都怀疑，无所图的婚姻，谁都不安。

婚姻里的男女相处，有很多的事情总是互相矛盾的。以前认识的一对小夫妻，丈夫李元是一个身材挺拔、长相英俊的男人，名校毕业，拥有不错的工作，只是个性很冷淡，一般情况下不笑，也不爱和人说话，但他还是被誉为小区里最有魅力的男人，甚至还有星探来找过他。

李元的妻子露露却完全是另一种人，个性风趣幽默，和谁在一起都气氛活跃，大人小孩都很喜欢她，不过就是学历不高，是一个小饭店的厨师，女厨师工作很辛苦，工资也不高，她本人看起来也没有多大的上进心。

露露的长相任谁都不能和李元联系成夫妻,她身材较胖,皮肤稍黑,但人很勤快,干起家务那井井有条的样子很像菲律宾女佣。

小夫妻俩完全是两类人,大家都很奇怪,还开玩笑地问露露是怎么把那么有型有款的李元给骗到手的。每当这时,露露就一本正经地说:"真没骗,也就是两家住得不远,一来二去就熟悉了,我追,他就同意了。"

就这么简单,中间连一点儿插曲也没有。露露的话说得大家一脸不相信,这也太顺利了。露露怎么看都配不上李元。但人家夫妻俩确实看起来生活得很好,一动一静,不吵不闹,和谐幸福。

露露是乐天派,但也禁不住人人怀疑。时间长了,她也怀疑先生是不是之前受过情感伤害,或者有不为人知的秘密,对爱情失去了信心,遇见她这么性格开朗的人就凑合着过了。因为她自己确实很会照顾人,而李元除了上班,把工资交给她,确实是什么都不关心。

露露越想越没有安全感,有一段时间特别苦恼。曾经向我诉说烦恼,说她自己现在想找个事吵个架都觉得自己没有立场。自己也是越看越觉得先生帅气能干,自己没有一个地方能配得上他。

我给她的建议是,你回家认真地和先生谈谈,问他和你在一

幸福女人读婚姻

起图你什么；而你自己也想想，你和他在一起，你喜欢他什么。

第二天，露露就告诉了我，她和先生认真地谈过了，先生的回答很简单，就是看上她性格开朗、心思简单、勤快热情。有知识、有才干、还漂亮的女人他也能找得到，但那些人心思也多，他个性冷淡，不愿应付。他觉得和她在一起，生活很简单，很舒心。接着露露眉开眼笑地说："我嘛，就图他长得好，有本事，看哪儿哪儿好。"

人一旦有所图，心里就有所爱，明白所图，也就明白所爱。婚姻里的人也一样，明白对方有所图，那自己就是有价值的，是被爱的，就像握住了对方的短处一样，是有底气的。所以，女人在婚姻里一定不能太刚强，坚持地认为自己是无所图的，也不能认为自己很高尚，坚定地认为自己根本无须图。无所图，无须图，那恋爱结婚干什么，岂不麻烦。

晓月和金浩的婚姻就是一场有所图有所爱的结合。当初晓月因为挑挑拣拣把自己的年龄耽搁到29岁，29岁的女孩，确实是让家人和自己都忧愁的年龄。眼看着介绍给自己的男人一个比一个条件差，晓月自己也后悔之前没有果断摘选一个条件好的。

金浩年龄比晓月大两岁，工作很好，收入也高，有房有车，但长相一般，还性格挑剔，之前也谈过两个女朋友，都是忍受不了他挑剔且"毒舌"的个性而分手。

谁都没有想到的是，晓月和金浩在相亲后不久，两人就结婚了，而且结婚后两个人相处得还很不错，婚姻生活看起来和谐无比。据晓月讲，她们俩即使吵架，到最后也能吵平衡。

究其原因，晓月总结说，他们的婚姻很现实，两个人都各有所图。原来，晓月不仅年龄大了，她的工作在跳槽了两次后，都不如意，所以干脆辞职做生意，但因为眼光不好，把积蓄赔了个精光不说，还把借的一笔钱也赔光了。自此她清楚地认识到，自己不是折腾的料，就重新找了一份在专卖店的工作，工作不忙，工资不高。而金浩却与她相反，除了性格挑剔、相貌普通外，很有经济眼光，很会赚钱，而且对以后的发展很有规划。

据晓月讲，其实他们俩各自都看不上对方，之所以结婚，原因很庸俗，也就是年龄到了，被家人逼得没有办法，各自也经历了不少恋爱史，都很明白自己的短板，也明白对方是最适合自己的那个人。

晓月说，她只不过是图金浩能赚钱、会赚钱，有良好的经济基础，以后能给她一个稳定且舒适的未来，所以就能容忍他的坏个性。金浩说，他只不过是图晓月长得漂亮，性格温顺随性，没有太多的虚荣和贪欲。

吵架的时候，如果各自提到对方的短板，晓月有时也会说出他们各有所图的婚姻真相，结果双方都偃旗息鼓了，各有所图，就两两相安。

有人说这样的婚姻真是功利，但柴米油盐的婚姻，不就讲究个吃饱穿暖，无负担，有人相伴吗？也有人怀疑这样的婚姻是否有爱情，问问所有相亲而成的婚姻里的男女，就明白了，晓月他

幸福女人读婚姻

们与大多数相亲而成的婚姻一样，多数都生活得很好。

其实无论是男人的财产还是男人闪光的一面，那都是最初吸引女人产生爱情的因素，光明正大地承认那是自己的所图，就像是向男人传递爱的讯息一样，会让男人更自信、更优秀，也更加爱。大方承认就是所图男人身上所具有的这些，是给男人最大的褒奖和赞美；反之，对女人也一样，哪个女人都想让自己至少有一点是男人喜欢的。

世间男女的爱情再无所图，也图点心灵的愉悦，如果连这点也没有，爱就无从谈起。

第七节

翻查婚姻的陋质有何用

"轻熟女"丁茜,各方面都很优秀,生活态度积极向上,只是爱情屡屡受挫,让她的坚持和乐观常常溃不成堤。

每当一段失望痛彻的爱情结束,她开解自己的方式是不恼自己,不骂男人,不恨现实,不怨命运,而是选择看爱情偶像剧。爱情偶像剧里那童话般的逻辑情节简单又美好,大部分都是酷帅的男主角和"纯朴"的女主角,在经历些小小无害的波折后,奇缘天成。

虽然丁茜有百分之七八十的概率能猜到剧情的走向和结局,但她还是要看到最后。原因是,她就是要让自己真切地意识到:如果爱情要都是这样梦幻美好,闹闹别扭,误会误会,就欢脱结

幸福女人读婚姻

局了,那人们都吃风喝沫去。这样一对比,丁大小姐就会觉得还是现实中的分分和和接地气,她经历的都属人间常事。

丁茜也是怀着这样洞察爱情的心,很现实地找到了合意的男朋友结婚了。虽然她觉得自己大气、大度和包容,但婚姻生活还是没有预想的平顺,丁茜希望婚姻在自己意识英明的带领下能过得岁月静好。但梦想很性感,现实很骨感。

每当因为小事和先生发生争执,或因为大事和先生吵架后,她总是气愤难平。在婚姻里吵架讲理,根本就是不可能的事,两人气火上头,都想论出个输赢来。此时,丁茜除了怀疑自己当初选人时的智商,就又重拾起以前排解对婚姻失望情绪的老办法。

不同的是,现在她不看爱情偶像剧,改看婚姻伦理剧,婆婆妈妈的剧情,几十集看下来,之前的愤懑都会消失得差不多了。原因是,电视剧里的婚姻都是基于现实生活改编的,都是现实婚姻的折射,那些婚姻家庭哪个没有沟沟坎坎,哪个没有闹得鸡飞狗跳,那些婚姻都比自己的事儿多坎儿多。看后她的总结是:谁的婚姻都不好过。这样一来,她就好受多了。

以第三人的角度看,丁茜的做法是自我解救,用看透和自嘲来让自己释然,用自己的方式在体内进行了一场乾坤大挪移。把难以承受之重转变成承受至轻,以此来安抚自己。这也不失是婚姻里的一些女人拿来开解自己的一个好方法,婚姻还没有到解体的程度,而小吵小闹也改变不了婚姻的现状,不开解自己还能怎么样？

但一个朋友却说，这只是情感上的掩耳盗铃，是不敢直面情伤的逃避态度，并举例说明，从电视剧里滤下了一句台词：脚痛了，心就不痛了。字面的逻辑好像是能说得通。但残酷的科学解释是：心痛就是心痛，脚痛就是脚痛。能释义的是：新痛暂时掩蔽了旧伤的痛而已。

解脱也罢，逃避也可，掩耳盗铃也行，总之是作为自觉身心受挫的女人得到了心理的平衡，这才是最重要的。

不想纠缠吵闹，撒泼打滚，谩骂索赔来发泄自己的郁闷之气，践踏自尊，那就只有探索事物的残酷真实面来参照，以此安慰自己，然后让自己快速清醒过来并保持常态。

然而，婚姻还是要继续走下去的，所以，女人们大多都会这么想：你看某某的婚姻生活也就那样，男人会挣钱能怎样，经常打架、赌博，女人整天以泪洗面；那个电视剧里的男人长得帅，脾气好，但还是不爱贤惠的妻子，整天想着找外遇。对比之下，自己的先生只不过……

这样翻找出别人的爱情和婚姻陋质，来彰显自己的婚姻优点，虽然是自我慰藉，有自我欺骗的嫌疑，但也能帮助自己看清婚姻，认清自己。

婚姻不是恒久的忍耐，但必须是恒久的包容，静下心来翻查，自己的缺点也有一大堆，其实自己也是一个难搞的女人，爱幻想、爱虚荣、爱计较、爱唠叨，还自以为是……

幸福女人读婚姻

因为怨女和祥林嫂过时了,晾晒和爆骂也不流行了,在QQ签名处写下几句忧郁的话也没人回应了,微博微信上稍有隐晦,就有一堆"90"之前的人奉劝你、训导你,然后就是"90"之后的人攻击你、提醒你、怀疑你。好像作为现代女人遇到一点儿婚姻问题就伤情阴郁,而不奋起做点儿彰显正能量的事就简直可耻一般。

可是作为女人,在婚姻里也不是万能的,拥有自知自明的智慧,拥有高学历的优势,也得面对婚姻生活的琐碎。比如你是个自律的人,但爱人不一定自律;你是一个简朴有规划的人,但爱人不一定和你同步。没有多少人在婚姻生活里能做到各自为营,彼此不交集,一旦交集就有矛盾,有矛盾就有争论,有争论就会生气。

女人虽在生气,但内心里却很清楚,婚姻里的爱情还在,分手自不必提。但那气鼓鼓的自己该怎么办呢?寄希望于男人也是可以的,但男人大多情商低,不剔透,引导他哄你、道歉,需要时间,所以还不如自己开解自己。

相对来说,翻看婚姻陋质是一个幼稚的行为,但因人而异,它能让女人身心释然,比彰显强大更加能保证女人的身心健康。

婚姻里的"伤",积少成多,也会越放越伤。那么,单对女人来说,要怎么做才能使自己在遭遇情伤之后像没事儿人一样来面对生活和爱情呢?除了婚姻双方的改变之外,自我开解也必不可少。毕竟婚姻生活道阻且长，矛盾避无可避。

　　女人用什么样的方法开解自己，我觉得只要不违背婚姻道德和法律，做回真实的自己就好，用自己的方法爱自己、开解自己，方式不重要，能使自己幸福而后婚姻幸福才重要。

第八节

爱情是糖，婚姻是蜜，但齐福难消

最近，一个好友特别苦恼，原因是发现在她如糖似蜜的婚姻里，先生却十分不满意，不满意的表现如下：

第一，不怎么和她说甜言蜜语。婚前，先生对她发过誓，要一辈子把她当成手心里的宝贝，甜言蜜语说要跟她到老。如今不仅不说甜言蜜语了，连她对先生说"我爱你"，先生有时也只是敷衍地只回个"嗯"，表示知道了。

第二，不怎么爱待在家里了。她把家里打理得窗明几净，布置得如梦似幻，先生还是爱在单位加班，和同事聚餐，晚归成了常有的事。她明显地感觉他在疏远她。

第三，先生是个随性的人，以前他吃穿从不讲究，自从和她恋爱以来，在她的全力指导之下，至少穿衣品位有了很大的提升。但如今，先生又迅速回到了以前的水平，对她给的穿衣意见默默表示反抗，不对峙，也不服从，她认为是无视。

第四，她是个浪漫的、对婚姻生活理想化的女人，但也身体力行地实现着自己对婚姻的想象。但先生对她一两天换次被单、一星期换次窗帘、不时来个烛光晚餐的行为响应一点儿也不积极，还产生了厌烦的情绪，并且诘问她"这样生活累吗"。她希望婚后的生活能如婚前一样甜蜜，可看似先生不配合。

第五，有一天，先生不知是有意还是无意地问她，如果他们离婚了，她会怎么样。她不知如何回答，因为从来没有想过这个问题。她只不过是向先生设想了他们未来10年的计划，计划很周详，细致地列举了10年里他们将要做的事，事业达到什么样的高度，生几个孩子，孩子上什么样的学校，而他们又将会是如何恩爱。当然，同样地她也列举了先生不许对她做的一些事情，例如不许无故发火、不许诋毁对方、永不背叛等。先生就提出了如果她们离婚会怎么样，如此问题，她怎么会感觉不到先生隐喻的意思？

好友还说了很多方面，来举例说明先生对他们婚后生活的不满情绪，继而无比烦恼。我问她，不满是她单方面的感知，他们是否真正在一起谈过这个问题。好友摇头，她说，她不想两个人把话说得那么直白、那样直接，怕会产生隔阂，她只是加倍地对他好。但她感觉先生在加倍地躲避。

幸福女人读婚姻

  我不知该怎么安慰她，想让她对先生的态度稍微凉一凉。但凭对她的了解，短时间内，她是无法做到的，她对先生爱得极深而且爱得痴迷。

  我只有劝说让她对婚姻别那么全力以赴，她瞪大眼睛看着我说："我怎么能那样呢？婚姻可是和我的事业一样重要，而且我对这个家不厌心，难道给别的女人机会，让别的女人有机可乘？"

  我无话可说。好友对她的爱人执着，对婚姻挚爱，对先生和婚姻付出所有的精神可嘉，但方式、方法真有待评估。我想说，她这样的付出就像不看周围环境只一味地爬高一样，有着冒险和侥幸的嫌疑，不慎掉落的概率很大，也许还会跌得很重。

  但凡女人，都希望爱情甜蜜，婚姻更甜蜜。现实生活里有太多爱情甜蜜，婚姻却平淡、不幸福的例子，这些例子都清晰地刺激着那些对婚姻抱着美好幻想的女孩们，她们每个人都认为自己是特别的，都希望自己拥有独一无二甜蜜的婚姻状态，而且她们坚信，这样的婚姻只要通过自己的努力就能够实现。

  当遇见一个自己心仪的对象，并与之走进婚姻，经过爱情的甜蜜阶段，当然都希望在婚姻里继续那份甜蜜，甚至甜上加甜。殊不知，这是认知误区。爱情就像食物的甜味剂，可甜，但不能太甜，太甜不真实。

  爱情成熟，婚姻落地，爱情就到了如甜似蜜的阶段，经历过婚姻的女人都知道，新婚初期，你一颦他一笑都是风景，眉目传情也是风情，但谁见过几对在婚姻里历练过几年甚至十几年的夫妻还经常眼含秋波深情对望。

婚姻里的男女都明白，婚姻是把爱情升华了，爱情不再流于表面，而是在许许多多的生活琐碎里。孩子家人，社会关系，每个人都要围绕这段婚姻的圆心来平衡许多事情，精力有限，再每天卿卿我我，很多人做不到，特别是男人。

苏玫是我认识的一个女人，她个性开朗，和先生谈恋爱时，也是她追的先生，她秀恩爱很热烈、高调，至今朋友们都记得他们在婚礼上当着众多亲朋的面说的爱情宣言，他们的爱情宣言当时在朋友圈里曾掀起过一阵热议。其中有几条很受已婚人士诟病。

比如，天天要对对方说句"我爱你"；每天要有早安吻、晚安吻；她永远是对的，不对也不许对她发火；不对她高声说话；微信备注是宝贝老婆或老婆宝贝；婚后生活如何艰难困苦都不许提"离婚"俩字；婚内各种纪念日不能忘；她做的饭再难吃都要吃，而且不能说不好吃；她对他的好要有回应；等等。

总结起来苏玫大概说了五十条之多，全都是婚后让他们的生活如何更加蜜里调油，每条或理念清晰或意思模糊。给女人们的感觉就是，此女人对婚姻生活抱有极大的热情和向往，对婚姻的期望值太高；对男人们来说，这就是一份抹了蜜的不平等条约，已婚人士对此就是笑笑，笑得很深刻难解，但意思明朗，就是：让时间来证明。

幸福女人读婚姻

如今苏玫的婚姻已经过了七年之痒,到了第八个年头,婚姻生活还算美满,个性依旧开朗,但开朗之中多见了自嘲精神,因为结婚后她发现婚姻里有太多的"不能实现",好在两个人的爱情还没有发霉,什么事也都能包容。

一次无事交谈,有人开玩笑地问苏玫,她当初的爱情宣言实现了多少条,维持了多少条,至今仍在进行着吗?

苏玫大腿一拍,说:"实现什么呀,每天工作和生活里的事情一大堆,早把那些事忘了,在心里婚都离了七八十次了。"

苏玫的婚姻生活一下子变成了俗世庸常,没让人有多少惊讶,但细究起过往,还是经历了一些跌宕起伏。婚姻之初,苏玫坚持着自己的爱情宣言,先生也及其配合,但时间久了,苏玫没嫌麻烦,先生却厌倦了,两个人一起生活,真实得如同透明,各种好坏情绪都会情不自禁地流露出来,那些爱情宣言简直就是桎梏,按条遵循着跟作秀似的,时间久了,婚姻都感觉像假的。

刚开始,苏玫发觉先生不遵守条约,很气愤,和先生吵过几次,撒娇说先生不爱她了,效果还是明显的。可时间久了,她故伎重演,先生就烦了,有一次先生出差了半月回到家,苏玫借故早下班回家迎接先生,她做好饭,化好妆,计划好等先生回来,先向先生诉一番思念,再说些心里话,最近在单位她工作上连续也受挫。可没想到先生回家匆匆扒了几口饭,倒头就睡。看她跟左手看右手一样无感。

那次苏玫结实地讨伐了丈夫一回,她说先生不爱她了,是否在外遇见艳遇了，她受骗上当了，当初好话说尽，把她哄骗到手，就算完成任务了，问先生之前的浪漫是不是都是装出来的。

她说得委屈满怀，越说越有理，当然，话里夸大和激将的成分也有。但那次先生也发火了，郑重地告诫她：他爱她，这辈子不会改变。但需要她明白一点，婚姻不是童话，更不是表演，"我爱你"可以常说，但不能是任务，恩爱要秀，但不能强秀。最后他表示，他那天很累，回家之前32个小时没睡觉，站着都能睡着，在这样的情况下也要他玩浪漫吗？如果以后他们有了孩子，两个人都要工作，琐事缠身，每天就跟在火线上一样，难道不能适当调整婚姻里的相处状态和态度，非要死遵循着结婚时的爱情宣言生活吗？最后苏玫的先生表示，如果苏玫坚持那样生活，那他真没有信心奉陪到底，他要的婚姻生活是真实的生活，不是传奇，不是童话，更不是幻影和演戏。

苏玫那次气蒙了，但先生的话也有道理，虽然没有完全明白先生的意思，但她贵在自知，经过一段时间的婚姻生活，也让她明白，是她过分了，胡闹了。从此她一改常态，不再提那无用的爱情宣言，和先生吵吵闹闹地过到现在，有时秀郁闷，有时秀恩爱。不满和不甘写在脸上，满足和幸福写在心里。

女人是感性的生物，她们对美好婚姻和爱情的追求态度是一百二十分的真诚。但还需要明白的是，婚姻的现实就是不能把婚前的甜搬到婚后。爱情是甜，甜得明白直接。婚姻也甜，那是在如糖的爱情中夹杂了一些婚姻赋予的东西，更甜，但甜不腻人

幸福女人读婚姻

蜜腻人。

婚姻连带着责任义务,还有生活的真实琐事、家庭关系等,把这些东西统统忽略,都变成爱情,婚姻也就成蜜了。蜜甜,常吃,谁也受不了。

其实,女人们是明白的,让婚姻如糖似蜜,自己也做不到。之所以有许多的不满和失望,只不过想得到男人一如既往的爱而已。而得到爱的方沄有很多,并不在于男人明面上的表达和生搬硬套的约定。女人只要心中有爱,你说出来并做出来,更要相信他心里是知道的。而婚姻里的幸福和爱意,应该始终相信你自己心里的感知。

好婚姻
不是恒久的忍耐

第二章

　　拜伦说：要使婚姻长久，就需要克服自我中心意识。所谓放眼于对方，置位于对方。再糟糕的婚姻也有原则，再肆意的人也有底线。婚姻不是恒久的忍耐，但也不是恃宠而骄。

第一节

若谈婚姻,带上义气

梅迪和男友小见谈了一年恋爱后同居,5年来,一直安然幸福,前段时间她却莫名地很郁闷烦躁。事情的起因仅仅是因为,一次她和小见的父母起了点口角,小见的语气明显没向着她,她忽然觉得生活无依。

梅迪和小见一直奉行着同居的头条标准:亲友共享,家庭共享,经济共享,但各自的婚姻自由自主。现在梅迪怀疑这种生活模式的可靠性,也怀疑她对这段爱情的坚信度,更怀疑小见也就是所有庸俗男人中的一枚。会有庸俗的偏见:和谁都能生活。

我还来不及开导她,她就有了一个决定。她的决定也没什么惊人的,文艺、俗套,还有些少女性妄想——她想出走。

幸福女人读婚姻

  她觉得自己还应该再决断一点儿，勇敢一点儿，往前看一点儿。因为她的人生没有多少个5年，也许前路上有更好的男人，更好的爱情，谁说得准呢。她甚至期望碰到一场艳遇，她不想她的后半生都在这样的焦恍中度过。

  她一直认为，爱情到了一定阶段，女人的心还无处搁放，就应该怀疑自己的选择，就应该重新定位自己的去处。

  但在梅迪还没来得及出走时，小见就出了小意外。他在工地检查工作时，一块飞溅的小铁片击中了他的眉骨。小见在电话里很烦躁，语气生硬，因为他在医院里半天都没等到梅迪的出现，而电话那头传递着梅迪不重视他的意思。

  梅迪在前往医院的路上给我打电话，说她正在慢悠悠地往医院走，在小见埋怨她的时候忽然就有了"就不想重视他"的颓然，不是赌气，是失望。因为这时候小见不是应该通知她后，然后安慰她两句让她不要着急吗？可他却在埋怨她，那意思是让她赶快到医院跑腿，缴费，陪伴他，和他同甘共苦。

  我说："道义上应当如此。"可梅迪说："情感上我不能接受。"我心戚戚然，这两人，各自有小心思，各自有自私，各自都没向对方敞开自己。

  一星期后，我接到梅迪的语音电话，她说，她要结婚了。这婚是小见求的，他坚决相求，那肝脑涂地之势，不容人拒绝。

  原来，小见受伤的那天，在医院还发生了一些事。那天，梅迪到医院后，一点儿也没有普通女人对爱人病情的担心和焦急，她甚至没有再打电话问小见此刻他是在急诊，在眼科，还是在外科？

反正人已经到了就慢慢找吧。她等在一楼电梯外，电梯从10楼缓缓下到1楼，门开启，小见从电梯里走了出来。眼光相接，他们却同时伸出了手。梅迪说，她也不知道当时自己是怎么想的。那一刻，伸手相握就像天经地义般。

小见伤得不重，但因为伤在眉骨和眼角之间，这个特殊的位置被急诊以技术达不到，而眼科又以如此小伤纯属急诊处理范畴为由，被两个科室推来推去耽搁着直到她赶到都没有得到处理，跟小见来的小助理急得跑上跑下，小见的伤口就那么张着，血已经不怎么流了，他说不疼。其实他有点儿木讷，鲜于表达，和电话里的他判若两人。

梅迪使出以前在医院工作过的本事，和急诊科医生交流，曾经做过医生的职业练就的冷静自信和她的专业话语帮助了她，作为对同行的尊重和怜惜，急诊科医生联系了刚下手术台的眼科主治医师。她安排助理跑腿，小见则跟着她坐着等待，她叮嘱他怎样按住伤口，不要害怕，不要说话，小见像听话的小孩，而她此时在他面前就像一个超能女战士。

小见的伤得到了妥善的处理，梅迪一改平时的退避、淡然，和小见单位的领导商议小见的休假和医疗赔付事宜，而小见什么也不管。他们顺利回家，小见的伤好恢复上班的时候，她才想起自己的出走计划，但已兴趣淡然。

幸福女人读婚姻

梅迪说:"在医院,小见安静地跟着我,而我像个超能女战士的那一瞬间,我的不安和焦恍不见了,那刻陡然升起的义气感让我觉得自己脚踏实地。"于是,梅迪想,她们该结婚了。结婚了,半截腿戳地下,更踏实。

我的另一个朋友叫萧旭,她天生丽质,个高肤白,工作、家境虽一般,但萧旭有冰清玉洁的心性和情怀,还是很吸引人的,她找的男友,和灵魂伴侣完全契合。工作、家境都很好,长相性格也很赞,关键是男友为人低调谦逊,温润平和。萧旭说,她是甩了矜持,猛追才得到的。

好绝的男人,就有好绝的本事和暖人的品行。萧旭生病的时候,他就不离身侧伺候,要是不在身边就电话三五不断,叮嘱吃药喝水。

自从和此男恋爱后,萧旭只当路人如土。恨不得一日成婚,一宵白头。只是萧旭的男友正统,硬挡住了萧旭的热情,把婚期定在了两人相识的8个月后。其实萧旭从他们相识之日起就开始准备她的嫁妆了。

但婚前一个月的时候,却传来萧旭婚事告吹的消息。我赶紧微信萧旭查问,萧旭在电话那头语气平静而肯定地说:"嗯,是真的,告吹。"

萧旭说了两件事,是她宁愿抛弃绝好的男人的原因。一次,她俩逛街,碰上街上有人掐架,一商贩和一对夫妻,看情势,是那对夫妻输理并蛮缠，纠缠动手之间，女的被撞倒在地，她丈夫奋然而起，但那商贩人高体壮，一撸胳膊，那男人就被甩到了地上，女人一看，马上变身如母豹子。萧旭还抽空解释，那女人其实在他男人上前替她"报仇"之时看起来还挺柔弱的。

当然，这件"打架斗殴"的事件没有继续下去，就被人解劝了。但却影响了萧旭和男友的关系，萧旭很感动，感动于那对夫妻惺惺相惜，一人为另一人化身为狼的忘我行为。可男友不屑地说："真蠢，打'110'就好，何苦肉搏？肉搏是最花成本且不讨利之事。"

萧旭没追究他的逻辑，而是反问他："那难道眼看着自己的先生或妻子被打？"男友反驳："为什么一定要考虑上手呢，至少有多种方法能避免不用手。""可是已经上手了啊。"萧旭有点儿生气地说。她认为既然已经莽然行事了，自己的女人吃亏了，就不能让她吃亏，先解决不让她吃亏之事才是正常男人的思维，怎么此刻还老想着打架是粗鄙的行为呢？相比那对打架夫妻，她觉得自己这对灵魂组合，很没底气，也无义气。要知道很多情谊，无义气就等于不坚贞。

事情之二，萧旭满怀真情做的婚礼计划，百分之八十她都亲力亲为办好了，连钱财她都筹备好了，但男友对此计划有异议。没事，有异议咱改，但男友的意见是，萧旭的操练太像小女孩，完全置婚礼像游戏，盛大而幼稚，定会被人取笑，所以对她的婚礼计划全盘否定。

幸福女人读婚姻

萧旭忽来的伤青很难抚平,没有功劳也有苦劳,没有苦劳也有心劳,没有心劳还有情意呢。情义无价,天下共知。灵魂伴侣不懂,能说得通吗?

她有一秒钟想过,改,按照男友的意思来。但女人的逆反心作祟,她坚决不改,其实心里只是试探而已。谁知道她板着脸的斗鸡行为激得男友愤然而去,而且一去不回。那天她因为忙结婚事宜,已经10个小时没吃饭了,他们吵架之前,男友还心疼地要去给她买饭。

萧旭又坚持把自己饿到第二天太阳升起。可男友来了还是希望她妥协。其实她妥协是没有问题的,但那一刻,她饿得前胸贴后背回答他:"我们分手吧。"

事后,萧旭用杨澜的话解释自己的行为。杨澜在谈到成功的婚姻时说过一段话:爱情有时候也是一种义气,不光是说这个人得了重病或者他破产了,你依然和他在一起。还有一种是,当他精神上很困惑、很痛苦,甚至在你身上发脾气的时候,你依然知道他是爱你的。

萧旭说:"我分手,是因为在我很困惑、痛苦和他争吵的时候,只能感觉到我爱他,而感觉不到他爱我。我们之间没有义气成分。所以对婚姻幸福不确定。"

我的两个朋友的作为在一部分人看来是有些作了,但事实是当你设身处地时,有时就是拐不过来那个弯的。

爱情中的两个人如果不以耍流氓为目的，必定走向婚姻。婚姻里的两个人要经历的不都是琴棋书画诗酒花，还有柴米油盐酱醋茶。

面对人际关系、经济关系、家庭关系、情感疲累期、诱惑心衰季，如果没有点义气支撑，即便能走下去也是漠然。至于责任和义务，这两个词有着不得不为的限制嫌疑，愿意了是心甘，不愿意了是负担。

婚姻存在有很多方式，有的厮厮磨磨，有的不冷不热，有的将将就就。但那就只是存在，至于幸福指数有谁统计过？

也许是嫌分手麻烦，也许是考量家庭和个人经济条件，也许是觉得两个人在一起能有人作伴，等等，最终觉得分开不划算。如果爱情在这样的婚姻里，那也就只是可被忽略的字眼了。

不论如何，不管是女人还是男人，都还是会觉得爱情是婚姻里不可或缺的字眼和事物。它必须坚挺而健康地存在，必须像锦鲤般在婚姻里活蹦乱跳，还必须像纽带般把两个人紧紧连在一起。

可这个纽带不能仅仅是激素和肉体，又或者是情欲荷尔蒙，这些都会随时间而淡去。它应该适用于爱情、友情、亲情，"富贵不能淫，威武不能屈"；它必须凌驾于道德和法律之上；它必须让三教九流人士赏识和竖大拇指；它必须只是支撑爱情，不僭越，不打压，不随意冒头，岁月静好时静若处子，跌宕困境时跃然如狮。它就是义气。

幸福女人读婚姻

  义气是一种人与人之间情谊上升到君子之交的美誉。还有朋友式的肝胆相照，有君子式的无图无惧，有爱人间的相互扶持。

  爱情中有义气，不为并肩战斗，不是弱境相携，只是在所有需要的时刻你有不惧困境的底气。义气的存在就是，你会觉得身后有墙，身侧有手，头顶有眼。爱情中如果有此等义气存根，那爱情就气贯长虹；婚姻里如若有此等义气做底，那婚姻就鲜活如鲤。

第二节

结婚了,旧爱来袭,请只说"安好"

一个读者给我来信,说她最近因为旧爱来袭特别烦恼。

她和所谓的旧爱纠缠了4年,她爱他至深,但因为异地工作的原因,也因为男友家里对她有微词,他退缩了,首先提出了分手。为此,她差点儿得抑郁症,最终她遇见了现在的先生。先生在她最失落的时候陪她走出了情感的低潮时期,她对先生的感情很复杂,感激和感谢都有,尊重和恩情并重。说不上爱,但也不能轻易说不爱。

先生顾家,性格稳重,工作上进,她的工作也进入了一个新阶段。他们现在的生活说不上多美好,但也足够平静安康。

但前不久,前男友专门来到了她的城市找她,向她忏悔道幸福女人读婚姻

歉，直言她离开后，他才知道她在自己心中的重要性。他决定辞职，来到她的城市工作。他要重新追求她，前男友态度情真意切，悔悟之心灼然可见，并宣称，她结婚了他也不在乎，誓要横刀夺爱。

她说，听到前男友这么说，心里很是爽快的，甚至有些满意。她看着他确实憔悴了许多，基于之前4年的深情，她有些心软了。可想到现在的先生，和让她定下心来的家庭，理智占了上风，但也不想太伤害前男友，于是就婉拒了他，说自己已有家庭，过去的就让它过去，大家都留个美好回忆，她已经不计较他之前对她的伤害，希望他能尽快整理情绪并开始新的一段感情。

女人柔软和选择原谅多少有点成全自己的意思。这位读者就范了这么一点儿小错。对前任悔悟来袭没有断舍离，后患无穷。

她说没想到男友看到她这么不计前嫌的大度，如此贤惠善良，更加悔恨之前自己的有眼无珠。他坚决地留在了这个城市，并积极地找她商量找工作、找房子等事宜。因为爱过，又因为之前的大度态度在先，她不忍拒绝。但接下来就有了蝴蝶效应，即他要感谢她所以请她吃饭，他生病发烧让她来照看他，等等，诸多让她拒绝不了的事接踵而至。

后来先生就知道了此事，先生是个敦厚而理智的人，并没有过分责备她，但他指出她这样是对家庭和自己的不负责任。她苦恼之极，需要寻求帮助。

这个读者看起来很小白兔吧，既单纯又善良。但我只想说，这个女人贪恋而奢,自私而矫情。陷入家庭和前任的"烦恼"里,不是自己出不来,而是自己根本就不想出来。

我只问了她一个问题:"你打算和你先生离婚吗?"她立即回答:"怎么可能?"我接着问:"那你和旧爱牵扯着是对先生的不尊重吧?"她回答得很文艺:"没有牵扯,精神上绝对百分之九十都没有出轨。"接上她的话,我又说:"那剩下的百分之十就是在享受被捧、被重视的感觉。而且这个人对你还存有不良用心。明知你有家庭却在破坏你的家庭。你明知他在破坏你的家庭,却不采取坚决制止的行动。请问这是在追求两全其美吗?"她没再回话,我想肯定是有了自己的答案。

我很无奈,本不想这般言辞犀利,但她的本意应该也不是来听我的教导,她更像是在寻求一种下定决心的理由。

在现实生活中,旧爱来袭,十分正常。如她说的那种情况,处理起来其实也很简单。她家庭和美,连一点解体的念头都没有。旧爱就是再情真意切地表白,那也是无用的,说一声"不好意思我结婚了"即可。再不然,拉黑所有联系方式,对于约饭,你的态度是:对不起,不方便。对他擅自的辞职,你的态度是:随你,你自己的事。

总而言之,态度决定婚姻,态度也决定幸福的程度。学不会拒绝,只会矫情,那婚姻的稳固会不会毁在你手上就不好说了。这中间产生的"烦恼",都是你自己找的。愿你好运!

看过一个爱情故事,大意是说,女主角偶遇旧爱,但旧爱

幸福女人读婚姻

已辉煌不再,女主角不计较被抛弃的过往,在旧爱需要帮助的时候,在现任先生误会的情况下依旧帮助了他。然后旧爱在感激中重拾信心,她和旧爱一别两宽,各自欢喜。最后她的解释只是:因为他是她曾经的爱。

很温暖,也很文艺。但放到现实中,只能当营养不高且味道不佳的鸡汤来喝。此女人属个案,现实中的已婚女人要是都像她那样,大概这日子也就没法儿再过下去了。

其实,现实中的旧爱大多还是很有自觉精神的,能做到"好马不吃回头草",就是想吃也会事先做市场调查,分析利弊,掂量成功的难易程度。再做好成功后的二十四孝心态,失败后不气馁的心理准备。如此说来,前任意欲逆袭也是一项耗神费力的大工程。

如果分不清他是真心或是试探又或只是暧昧,就会犯哲学错误,即暗面意义上的,两次跳进同一条河里。

晓黎就是这样的女人,她用了三年的时间忘记旧爱,却只用了三个月的时间就又重新接受了旧爱。

这个过程很不可思议,晓黎结婚的时候,旧爱不知从哪里听说她结婚的消息,就不请自到,然后在婚礼司仪导诱新郎新娘表白亲吻的环节醋意大发,大喊"晓黎,我爱你",导致晓黎的婚礼几近尴尬。

幸好晓黎先生大度,成年人,谁还没有个前尘旧爱呀,就没把那人当回事,可是晓黎的前任当回事了。搅乱她的婚礼不说,还霸道总裁般来搅扰她的生活，说当初分手的时候，他都没同意，还说晓黎是她的第一个女人，也是最后一个女人。说罢就撩起袖口让她看手腕上的刀疤，那是当时她单方面分手，导致他绝望的后果。

那一刻晓黎是有歉意的，于是旧爱马上激流勇进，谈悔悟，也谈情深，同时还拿事业说事。说分手后，他化悲痛为力量，不谈情爱只拼工作，就是为了有一天能足够强大地站在晓黎面前。女人最抵挡不住这样情深励志的男人。男人一为她励志并成功了，还照样回来对她钟情依旧，毫不玩虐恋，对此，哪个女人能不动心？

俗话说：好女怕缠。说的就是晓黎这种女人，在抛开了婚姻道德这样一个原则，晓黎毫不犹豫地吃了回头草。然而，不是所有的回头草都是好吃的。吃回头草的晓黎回头后才发觉，旧爱除了钱挣的比从前多点儿，其他照旧。她当初分手是因为他的性格偏执，控制欲强，性格使他的事业成功，但生活却照旧。她本不是为了钱和他分手，现在也不是单为了钱和他回头。但和偏执狂生活在一起的后果就是她想再次逃离。

当她意识到自己竟然两次"跳进同一条河里"的事实后，才发现已失去了太多。有的旧爱来袭根本都不是因为爱，是因为不甘，或者占有。而女人先入为主的意识总是会挤走理智的思考。却不明白，旧爱对你或许是试探，或许是习惯。愿者上钩对他来说不是更珍惜，而是省事。

幸福女人读婚姻

有网友直言对重获旧爱欢心后的感慨，就两个字：没味儿。粗俗的两个字直接显现出破镜重圆后的状态，只是成全了他的后悔。

一个好友，婚后三年半后，某次在同学会上遇到了旧爱，那个男人现今出落得有模有样的。也成熟了许多，对人谦逊有礼，完全就是一个儒雅的谦谦君子。这正是好友心中对另一半的设想，现今的旧爱可比现任先生细致多了。

旧爱给了她一个毫不隐晦的一个拥抱，有礼有节。当众人继续追问他们在同学会上的互动时，好友却说，没有互动，她一直刻意避开他。众人万分诧异。

好友的回答现实而全面，她说："也不是自卑、懊恼、嫉妒、后悔，是因为他无论混成什么样，都是和她无太大关系的事。当然，祝福是有的。"众人不可置信，好友就做出了如下分析：第一，她又不会离婚；第二，让他知道她生活不如意或先生粗鄙，让他来拯救她吗？又或者让他知道她生活得特美满让他心生戚戚吗？她不屑玩这种游戏；第三，毕竟分开数年，人心难测，他的善恶尚不知，所以不冒险为最好，在各自心中还能留下美好的回忆。

旧爱相见，能拥抱，就足够美好，已是婚姻道德的上限。如果一个人能毫无顾忌地涉入旧爱已成型的感情生活里，那他就不值得托付和依靠。更不值得尊重。污了旧爱的名声，就只能算渣。

之后，同学会上的旧爱想约见好友，说只为了一杯咖啡。好友拒绝了，只回了他一个简讯：安好。聪明的她的旧爱在她拉黑他之前速回了个：好。这才是面对旧爱的姿态。

我们都是俗世的女人，面对旧爱的再度恭谦，做不到嫉恶如仇，那就做个有原则的女人总不会错。结婚了，就是最好的借口和约束，无论是对自己还是对旧爱。

著名的女作家、编剧六六，离婚后曾在微博中写到对旧爱的看法。她写道："我再看他已然几近陌路，时间是一把杀猪刀，那只猪，就是我曾经的爱情。"

"曾经"一词就是对那时爱情的辜负。对辜负了爱情的那个"杀猪人"就忘记了吧。避无可避，说声"安好"，已是恩惠。

第三节

好婚姻至少有三个特质

好的婚姻，是相互托底，而不是相互拆台。电影《无问西东》里的一句台词说颤了婚姻里所有男女的心。那就是电影里的陈鹏向王敏佳的告白："我就是给你托底的那个人……"主演章子怡也坦言："希望每个人都能遇见为自己托底的人，而当你为他托底的时候也会感到幸福。"

我们在婚姻里是那个为爱人托底的人吗？我们找到的那个人是愿为自己托底的人吗？

安安和她先生何建是相亲认识的，安安经历了几次刻骨铭心的失恋后，按条件摘选了何健，何健长相一般，家庭尚可，工作稳定，无不良嗜好，很顾家。安安的心累了，于是相识没几天，就闪婚了。

翌年孩子就出生了，等孩子过了断奶期，安安才醒悟过来，她这婚结得未免太过仓促了，连蜜月都没过，短短两年时间，她已经转换了两个身份：已婚妇女和孩儿妈，马上说不定还有另一个新身份——婚内怨妇。

安安和何健的甜蜜期很短，接着就是孩子奶粉尿布、发烧拉肚、柴米油盐。随着这些紧锣密鼓的现实涌现，安安说，何健在她心中的可靠度迅速崩塌，他们看法不同，想法相悖，习惯不同，简直就是三观不合。

情人节，她提出出去吃一顿西餐，而何健一算，觉得不划算，安安火了，她一年里忙碌辛苦，能出外吃几顿饭，又不是吃不起。但没想到何健也火了，说："你现在没收入，也不考虑一下将来的日子。"

她马上就想起前段时间网络上很火的一篇文章，在外工作的丈夫置喙在家做全职主妇的妻子享受清闲，没资格抱怨和要求。安安气结。她只是两年没有收入，作为丈夫的男人就抱怨，却没有考虑她这两年来是在干什么。为此她忍不住言语激烈地与何健吵了三天，直逼何健道歉后，她心里仍然愤然。

一次和朋友聚会，都是熟识的人，都带上了各自的另一半，大家谈兴浓，说话就开放，女人坐在一起更是热闹。安安婚前是很小资的女人，谈美容，小众餐厅，谈旅行，谈起这些让她不自觉地有了些自信。但何健对那些花钱享受的话题都不感兴趣，提

幸福女人读婚姻

醒了几次安安,安安都意犹未尽,他马上就脸色不好地嘲讽道:"你说那么起劲有用吗?又吃不起玩不起。"

当时安安的脸有点挂不住,回答说:"怎么吃不起了?"谁知何健回她:"能吃起吗?结婚两年了也没见你去吃过一次。"

这话刚好和上次说她不赚钱的话衔接,安安发飙了,马上还回去:"我现在是没有赚钱不能去吃西餐,但你也赚不来给老婆吃一顿西餐的钱。"

可想而知,这次聚会安安和何健的婚姻状况在朋友圈落下了如何不堪的笑柄。在他们仅两年的婚姻里,这样的例子还有很多。

安安提出离婚时,她表示她想要的婚姻是互相托底,而不是互相拆台。她在这个婚姻里毫无安全感,虽然安全感也来自自身的努力和建设,但人有低谷的时候,在她目前条件有限的情况下,作为最亲密的配偶给她的不是义气和希望,而是嘲讽和挖底,无视和不尊重。

安安本是个对婚姻生活积极的人,但遇上何健这样的人,就忍不住要抗争。他不给她托底,那她也不会给他面子。

好的婚姻相互成就,才会蓬勃向上,爱情才能安然生长,一方拆台,对方也不能安然生存,同善同恶而已。婚姻里两个人的关系如果沦为"给我难堪,悉数奉还"的地步,就到了彼此深思境地了。

我们换一种思维,如果在安安想出去吃西餐的时候,何健在考虑到经济的情况下不想去，但他仍然说好，不过更想亲自为她做一顿，以此来慰劳她的辛苦和付出，那安安的心是否就会因此感动而踏实了呢？

如果在安安和朋友大谈小资情调的时候，何建当着众人说："老婆，你对我真小气，都不跟我谈这些，否则我们俩去享受一圈回来，现在我也有料献。"无论出于假意真心，安安肯定有面子，还有和先生心照不宣的感谢。连她的虚荣都有先生供着，这难道不算爱吗？

婚姻里的人活着，也需要奉献这些虚的东西来当甜言蜜语，婚姻之墙也需要这些来巩固。好的婚姻，需要奉献。但如果是两个自私的不愿奉献的人，那是无法相恋的。张爱玲的《倾城之恋》里，范柳源和流苏虽然是两个自私的人，但他们终究是经历过城市的倾覆明白了一些互为对方的道理。那就是为对方做出让步和包容。

既然走进婚姻，那就是笃信爱情。但爱情也不是一劳永逸的，特别是在婚姻里，爱情是需要经营的。很多人把婚姻当成事业来经营，取得了前所未有的效果和成功。著名的主持人杨澜在结婚20周年写文纪念，说：婚姻如瓷，需轻拿轻放。

杨澜作为事业和家庭双丰收的女人，高贵、知性、睿智，尚且如此，我们庸常的女人更应该正确地对待婚姻关系了。

有一个女性朋友，对待婚姻的态度十分真诚，她工作生活两不误，但她仍坦诚：如果未来的婚姻需要放弃工作，她会毫不迟

幸福女人读婚姻

疑,因为她笃信婚姻的幸福需要经营的理念。现在的她把工作之外的时间几乎全部放在婚姻里,对先生和孩子照顾有加,像一个不知疲倦的机器人。

只要她在,先生和孩子几乎可以过着饭来张口、衣来伸手的生活。她说,只想在自己能劳动的时候让他们尽量感到被爱。诚然,她是爱先生和孩子的,但先生和孩子的坏习惯也是这样养成的。

一次她感冒了,实在是支撑不了,就请假回家,躺在床上忍不住想示弱,就期期艾艾地给先生打电话,说她感冒了,头疼、嗓子疼,还全身无力。结果先生愣了半天,在电话那头给她来了一句:"好好的,耍什么矫情。"就挂了电话。

刚好上初中的孩子放学回家了,她对孩子说:"妈妈病了,难受,你给妈妈倒杯水。"孩子不情愿地给她倒了杯凉水,皱着眉说:"你病了,我和爸吃什么?要不,我和爸出去吃饭吧。"

她瞬间心惊,多年苦心经营婚姻家庭,她经营出了什么?先生觉得她是不可能会生病的,孩子则认为她病了,是不需要吃饭的。她的心里只有家和他们,而他们的心里是没有她的。

网上流行一句话:孩子之所以不知道感恩,是你为他们做得太多了。同理。先生之所以对你不在意,是因为你太在意他了。雨果说过:"爱是不知足的。"所以,家人是不能被太高看的。奉献也是有底线的。

如果经营婚姻和经营事业有一拼,那就应该了解,经营事业是有规则和原则的，业务是有范围的，事情的可调度也是有上下限的。不同的是，婚姻里有爱，但爱如果肆意，也不符合自然法则。月满则亏，就是这个道理。

对待孩子虽不奉行"棍棒之下出孝子"，也需恩威并施。对待爱人不说"相敬如宾"，也得声明自己的雷区。好的婚姻，不随便绝望。

美国轻喜剧《绝望主妇》由于太接近现实，引得一帮女人追剧。好友丽萨就是其中一个。她看过剧后，再对照自己的生活，心烦时就发感慨："婚姻就是坟墓，一桩桩一件件事都让人感到绝望。""绝望啊，怎么办啊！"要不就是把先生和孩子的糗事拿出来评说一番，再把家里那鸡毛蒜皮大点儿的事夸张一番，然后就痛呼绝望。

其实，一开始感觉她不是真的绝望，只是拿生活来当玩笑开。但后来某些时候就感觉她是真的绝望了，感觉她马上就会抓狂了。

绝望是情绪，这种情绪是会蔓延的，就像蔓草一样，生长的速度是惊人的。很快，她的绝望情绪就像狼来了一样开始爆发。

我是看着她的家庭从开始的和美状态，到和先生争吵不断。她好像有许多的委屈，许多的烦恼，像得了抑郁症一般。其实没有。她说她某些时候是在滋事，她想不负责任地换一种活法。

我不知如何劝她，连《绝望主妇》里的主妇们都没有真正地绝望，她绝的哪门子望啊。其实她的症结就在于度过了婚姻是诗

幸福女人读婚姻

篇的阶段。

巴法利·尼克斯说过:"婚姻是一本书,第一章写的是诗篇,而其余则是平淡的散文。"但人在现实的婚姻里不能只有诗。当丽萨真不负责任要结束婚姻的时候,说:"我不是被电视剧害了,而是被自己害了,婚姻里不能随便绝望。"

不能说丽萨是个意志不坚的女人,只能说她在这段婚姻里没有坚定经营的心。每个人的婚姻都是不平顺的。如果都只能过幸福的顺境,受不了低谷,那婚姻的存在就没有意义,也没有人会相信爱情。那些同甘苦共,比翼齐飞的赞誉岂不都成了胡扯。

我们不能置评丽萨将来肯定会悔悟。只能说在婚姻里允许绝望,毕竟婚姻与平凡烦琐相连,争吵和矛盾也长期并存。但只要爱情还在,还在尚可过的情况下,请理智地绝望。

小美和男友经过了三年恋爱走向婚姻,小美从来只把"婚姻是两个人的事"当成一句平常话,她从没想过自己有一天也要经历这些婚姻的琐碎。男友家庭人多,关系复杂,她原本想着结婚就过两个人的甜蜜小日子,没想到还要处理复杂的家庭人际关系。原本不爱管事又简单的她很接受不了。

出礼要对照,回礼要琢磨,表示热情要看眼色,有矛盾了还要酌情高调还是低调解决,等等。这些都让她感觉特别麻烦,直呼对婚姻失望,再加上诸多烦琐的小事影响了她的工作和心情,回家就止不住地想吵架。

一段时间后,她身心俱累,说对现今的婚姻绝望透顶。她最受不了的是和先生不停地争吵，而且矛盾不断。这覆灭了她对婚姻最初的设计。

我给她的建议是，出去旅游散散心，分开一小段时间，思考一下对先生的感情。没想到小美出去没半个月，在外地给我打电话说，她思考的结果是——离婚。但一开始思考这件事情，她就痛苦万分，因为她根本没办法想象与先生分开的事。

著名的学者、作家刘瑜写过一本书《观念的水位》，在同名的文章最后有一段话，"我一个剩女朋友在恋爱屡屡碰壁后说：其实，彻底绝望还挺难的。我想也是。一杯水摆在那里，对于口渴的人，想要忘记它的存在，肯定很难"。

所以，在婚姻里只要有爱、会爱，就不要轻易绝望。其实对于由鸡毛蒜皮大点儿的事扩大到绝望有什么要紧的，只是一时的一种情绪和状态，就像写作的瓶颈期一样，总是会过去的。

我们对待婚姻里绝望的阶段，只要持着"水涨船高"的态度就可以解决。媳妇是怎么熬成婆的，也不过是时间而已；工人是如何成为工匠的，应该是经验为之。相信熟能生巧，你总会在婚姻里自如前行，走过绝望。

第四节

花他的钱，不一定要被他养

对女人花男人钱这件事，想必有一部分男人和女人意见一致：女人花男人的钱那不是天经地义的吗？但时代发展到如今，这个理念在摇摇欲坠。

在一个小范围的男性闲聊会上，这件事更是被抨击得七零八落。"现在的女人有几个还花男人的钱，个个彪悍得像要把男人碾压成泥，那挣钱的手就像笊篱，还用男人养？""彪悍得像笊篱的女人有几个？大部分还是不行，有几个能真的养得了家？还是得靠男人。""女人个个都有狐狸精潜质，想方设法想弄走男人的钱。""嗯，爱花钱，想被养。你说现在社会压力这么大，被养着也养不成花儿，啥心态？"

每个男人都有话说，七嘴八舌，话题持续走低。最后几乎走低到一个意思，那就是：女人就想花男人的钱，就想被男人养着，出去工作赚钱那也是没办法的事。

这只是一帮个性耿直的粗糙男人的话，话语粗鄙，见识偏颇，话题老套，略见一斑，不能代表所有男人有同样思想和看法。

同事小雪，做事积极，工作热情。但生活中的她比较矫情，少女情节跟随到三十大几，但这并不影响她的人缘，因为她在工作中豪爽积极，她的小矫情也就成了小可爱。但三十大几的她的先生开始不认可了。

一大早，小雪就开始吐槽，她最近暗示先生，今年的生日想要一套3万元的首饰，她早就看好了。她认为这套首饰同时作为结婚10周年的纪念品，很合适，也很有意义，关键是她非常喜欢，因此她暗地里兴奋了很久。但当她胸有成竹地跟先生说的时候，先生的话却是她万万没有预料的。

先生一皱眉说："太贵了，我工资也不高，要养家，还要养你。"话没听完，小雪的心就拔凉拔凉的。

她也是挣工资的好吗？她也养家的好吗？只是工资比先生低那么一点儿，只是平时爱好多了些，把钱用到爱好上多些而已，但先生直接把她的工作收入忽略不计，并且简单粗暴地总结为：他一直都在养她，让她愤然。

小雪反驳了几句，说自己并没有让他养的意思，谁知先生的

幸福女人读婚姻

话更让人出血:"你上个月非要让我用我的工资给你买上千元的大衣;上上个月,你拐弯抹角让我请你吃大餐;你是有工资,怎么没见你花啊;你是不是想辞职?"

这是哪儿跟哪儿呀,他不仅抹去她赚钱的事实不说,还怀疑她另有心机。话不能较真儿,一较真儿,即便是10年夫妻也得成路人。

现在小雪在极度怀疑,有部分男人是否是真木讷,还是情商低。女人想花男人的钱,谁说的就是想让男人养啊?她只是想要证明你对她舍不舍得,在正常能承受范围内,她只是想要被爱的表现而已。

"每次花钱过后,我都用自己的方式补填家庭漏缺,要不然他以为他就真的能自在地养全家了。"小雪愤愤不平地说。

我们国家的婚姻方式大都是家庭共享、经济共享模式。没工作的女人当然得花男人挣的钱,但即使这样也不代表女人都一定想让男人养。

我认识一个女人,30岁,年轻漂亮,全职主妇,她丈夫很能赚钱,也很爱她,不愿让她出去工作受累,心甘情愿养着她,家里的经济大权她掌管,钱随便她花。但她是怎么样呢?

她很节俭,并不乱花钱。同时很自卑,在她的眼神里一点儿也看不到有钱人太太的傲娇之气。私下里对有工作的女人很是羡慕,但只能无奈地说:"孩子交给保姆,丈夫不放心。我现在只有盼孩子稍微再大点儿。"两年后我再次见到她时,她鲜活如光的形象简直和两年前判若两人。她还是花先生的钱,但出手很阔绰,她说:"我太抠抠搜搜会丢了先生的面子。"

这前后的消费反差和认知还真有点儿让人不适应。原来,她的孩子上幼儿园了,她坚决找了一份工作,工资一般,她的工资在先生的眼里简直不值一提,但她很满意。

满意的标准是:即使撤去先生的供养,她也能独自生活。所以现在花着先生的钱自信而心安。

现在看来她是想花男人的钱了,但她被"养"的意义不一样了。因为她有了自立的和养自己的自觉能力。其实,凭空花男人的钱,即使趾高气扬也是没有自信的。现在社会的女人大都明白这一点。

但仍有女人孜孜不倦地想花男人的钱。男人不应该思考这是怎么回事吗?难道仅仅是想被养?这个答案跳过。没有建设性,没有敦厚度。

对于这个问题,女人反而有思考。我有意无意地询问了一小批女人,滤出几个回答如下。

小A:花他钱不是应该的吗?本姑娘妙龄年华,貌美如花,陪他说话、聊天、睡觉,解决他生理问题、被逼婚问题、被性骚扰问题、将来的后代问题、老来伴问题。你说我应不应该花他的钱?

小B:男人赚钱不用在吃喝、抽烟、会朋友上,就会用在女人身上,这是他的英雄主义梦想,我不成全他,难道让给别的女

幸福女人读婚姻

人成全他?

小C：我会挣钱，但我仍需要花他的钱，男人有几个是会规划的，平凡生活中没几个马云。平凡的男人需要激励，你得让他骄傲，被需要，你得让他觉得自己是被人依靠的，不可或缺的。要让他觉得挣的钱给家人吃饭、享福是幸福的。

小D：哪怕他挣一百块钱，拿出一块钱给我买了根老冰棍，我都觉得是满意的，只要他别说"我的钱是整的，把你兜里的零钱掏出来"。那么我吃着他买给我的老冰棍就想立即把我兜里的钱掏出来给他买根巧乐兹。

小E：有一星期，我心里郁闷，工作屡屡受挫，又和他吵架了，什么也不想干，每天就想指使他出去给我买点好吃的或者必需品。到第六天时，他也闷闷不乐地说："我快没钱了，你也闹够了吧，你总得出去赚钱吧，你知道我的情况，我现在养不起你的。"其实那天我都已经想开了，准备吃一顿大餐就振作，不为别的，就为他六天来无怨无悔地包容我，给我跑腿，为我花钱，要知道他才工作一个月啊。但他说出那几句话后，那天就成了我们的分手日。

由此，也可以来个小总结：女人花男人钱的时候，想的不是被男人养着的事，而想着的是怎么爱他的事。

有个好友，她工作很拼，挣钱也很多，但在她男友眼里，吝啬而小气，爱存钱又爱花钱。当然，花的都是他的钱。

男友的理解是女友杞人忧天，怕失业，怕老无所依。而女友那如葛朗台般的习惯则是因为童年家贫，花别人的钱自己安全。这不是说女友自私吗？

但他的确又很爱女友，女友认真生活，善良真诚，漂亮有礼，活得如傲雪红梅。但他求了三次婚，女友都没有答允，他困惑，所以请教了一位在婚姻里还算幸福的中年女士。结果他第四次求婚成功了。

他求婚成功的秘籍不可推广，但实用。他拿出了所有的积蓄，求女友掌管，并请求女友也掌管他下半生的所有财产。虽然很俗，但女友很感动。

女友感动之余的一番话更铿锵有理，她说："钱，谁挣不来，就这些小钱也不足以让我后半生无忧。但现今社会还要拿什么来证明爱呢？既然金钱万能，男人们都拿金钱来彰显地位和衡量自身价值，他能把后半生都抵价给我，这就是最有诚意的爱了。"女友的话很明显有另一个意思：我不是想要他的钱，而是想要他的爱而已。

是的，在这个开放、怎么样都能生存的社会里，女人的生活根本没有问题，男女平等得连男人都嫉妒了，可女人还是会不自觉地要撒娇，用心机，用手段，旁敲侧击，或直接表明，你得为我怎么样怎么样，或者我想要什么。言外之意，用男人的钱，办那些事。

有很多男人是情愿的，给女人花钱那是骄傲和脸面。但也有

幸福女人读婚姻

很多男人是不情愿的,现在社会,有手有脚有学历又年轻,不劳动不工作不赚钱,就思忖着男人口袋里的银子,这种女人,他皱眉。那能劳动会工作又赚钱的女人,也时不时觊觎男人口袋里的钱,他也皱眉。

明白的男人,不必多言,这是女人的撒娇、情绪和爱意。不明白的男人,会想,女人就是一直有想被养的贼心,可惜。

对此,女人们怕是只想一声吼:自大自恋的家伙,你好好给我听着,我想花你的钱,并不是一定想要你养,只是要时不时见见你的爱。

享受你对她的大方、舍得、不吝的态度。你没发现吗,她花的都在你的承受范围内。如果你不愿意她这么"玩",那就算了。拜拜。

第五节

别拿婚姻的"缺口"说事

梅子近期在闹离婚,因为结婚几年来,她发现随着了解的深入,她越来越受不了先生了。她说先生无论在思想上还是行动上,永远与她不合拍,这样下去恐怕两人的矛盾会越积越多,最终弄到相看两厌的地步。

一日夫妻百日恩,为避免两人某天走到那样尴尬的境地,趁早分开了好。我反问她,以前难道没发觉吗?她说以前只觉得他老实稳重,但现在只感到日子沉闷。

据我了解,梅子的先生是位公务员,为人谦和,是个淡泊名利、安享当下的人,梅子却在婚后几年中转战商场斗志昂扬,两人的性情随着经历的不同越来越难以达到一致,梅子越来越不

读女幸
婚人福
姻

满，老公则越来越沉默。

　　梅子跟我吐槽，现在她的婚姻里，有一个隐形的"缺口"，而且这缺口因个性不同，黏合不上，她和先生都明白，但谁也不提，也不是他们没有努力去弥补。而是因为性格原因，都选择了视而不见。

　　可人心的承受力是有限的，总有一天会受不了。譬如，在他们结婚之初，梅子遇事会和先生商量，虽然意见相左，但只要梅子撒娇，先生就会容让她，可现在遇见这种情况，先生只会以沉默来对抗，这种情况直接导致的结果就是，好像梅子做了对不起他的事一样。

　　我打趣她："那你和以前一样撒娇了吗？"

　　梅子一怔，回答道："撒什么娇，哪有那心情，我给他摆事实讲道理，事实依据都证明我是正确的，但他还是全程黑脸。"末了，还烦躁地来了一句，"我们现在的差距是越来越大了"。差距，这才是症结所在。

　　梅子前几天和我讲起一件她们家发生的小事，家里新买了一个茶几，玻璃面，很典雅漂亮，但先生坚持要在茶几玻璃面上盖一块印花塑料皮子，说耐脏耐磨，能保护玻璃面。梅子坚决不同意，因为这样的玻璃面通透性全无，还显得老气，拉低了客厅的装修档次。但先生不这么认为，他认为很多家庭都这么做，就肯定是有道理的，再说玻璃面确实容易刮擦损坏。而且杯子、碗等重物碰撞玻璃面也刺耳。

梅子没有想到，这么一件小事，他们竟争论了好几天，先生接地气的生活态度，让她越发觉得他们之间思想意识的差距，经过上下纵横观看，已经成了一个不小的缺口。而且这个缺口已经严重影响了婚姻感情。

生活中这样的事例不胜枚举，梅子直觉得她和先生都在忍受对方，到如今真有些忍受不下去了。她想过轻松的，思想情趣一致，有商有量，有错就改的婚姻生活。梅子一句话就暴露了婚姻里他们自身的问题：有错就改。"原来你也知道自己有错啊。"我说道。

梅子的先生也知道自己本身性格有些问题，但他们都没有迈出和解的那一步，以至婚姻出现了所谓的缺口。缺口越大，心越远，认错、和解、商量的那一步就越难迈出。

其实，每桩婚姻里都有或大或小的缺口，譬如夫妻双方各自的性格、教育、家境、习惯等，都可能成为日后的不和谐因素，况且，人还会随现实生活的改变而改变。但是，又因为是夫妻，两个人每天不得不面对许多需要达成一致的事情，要想没有认识上和处事上的差异和矛盾是不可能的，所以缺口就是婚姻里必然存在的因子，可还是有百分之九十多的婚姻幸福安然地存在着。

要是每个人都拿婚姻的缺口来腹诽婚姻的失败，那是借口。但要是遇见婚姻里出现的不和谐，都归结到婚姻的缺口上，动辄就拿婚姻的缺口说事，那更是不负责任。关键是用什么样的态度来认知和处理这些"缺口"。

幸福女人读婚姻

其实，很多爱人之间，最初的吸引是来自彼此的差异性，而走进婚姻之后，或者婚姻历经时光进入油盐酱醋茶的现实中后，你很可能突然发现对方身上的那些特征并不如你之前认为的那么好，你以自己为准则，对对方与自己的差异越来越不认同，渐渐将其定性为婚姻的"缺口"。你认为婚姻的种种不愉快、不美好，都是这个"缺口"造成的，却从没想过在自己身上找原因，只是想让对方改掉你看不惯的种种，若是对方改不掉便想干脆换个人好了。

然而，这个世界没有完美的婚姻，换一个人也不见得真能完全如你的意。乔布斯的妻子劳伦就曾这样描述乔布斯："他的生活以及性格中，有一部分是非常糟糕的。"

尽管这样，劳伦和乔布斯的婚姻仍然是有目共睹的和谐与幸福，归根结底，是因为她在陪伴乔布斯的同时，也在默默地弥补乔布斯身上糟糕的那一部分，耐心修缮婚姻的"缺口"。

我的邻居是一个26岁的年轻女人，性格温和，大学学历，工作也很好，但他的丈夫却是个年近40的男人，是一个工厂的电焊工人，性格还很火爆，可是他们感情很好，也不见女人对先生有任何微词，每天脸上笑意盈盈，一副幸福小女人的样子。

当和她探讨起婚姻的缺口这个问题时，她笑着说，谁的婚姻没有缺口啊，她的婚姻在别人看来就像一个缺口，但各自容忍一步就能解决这个问题。例如，他先生就是一个非常家常的男人，但是他管着家里油盐酱醋茶有什么不好，她还省事了。反过来,她喜欢看书,喜欢高雅,那也是他的面子不是。要是把两个人之间的差异性比作缺口,那婚姻里的缺口就是拿来跨越的。要是不跨越,而是整天拿缺口说事,那婚姻就成了一场永无宁休的战争。

所以,既然每个人都不可能是完美的,每场婚姻都会有"缺口",那些整天认为先生不尽如意,婚姻不幸福的女人们,别动辄拿此说事,贬低对方,伤害婚姻,而应该为婚姻里"缺口"的修缮做点实际而有用的事,那样才能创造并收获你想要的幸福。

第六节

别赞得他无处可"逃"

男女相处有着微妙的技巧和智慧,有的女人驾驭婚姻和爱情轻松自然,有的女人付出所有却一塌糊涂,而有的女人亦步亦趋却终没有获得想要的。林丽就是这样的女人。

林丽的朋友都知晓她的一个习惯,那就是如若有她先生王建在的场合,她必定找机会用各种方式称赞王建。开始大家以为是她太爱王建而情不自禁,但还是感觉她做得夸张。譬如王建脾气不好,她却说他有男子气;王建偶尔浪漫一下就被她称为有暖男潜质;工作细致就被她称为对自己要求高;预测一下公司的未来发展,就被她称为有追求;最让人无法理解的是林丽能给王建的每一条微博微信消息无缝隙点赞。大家都觉得林丽这么做极其幼稚又让人费解，让人感觉王建像是她要巴望的关系户。而且听说林丽在家里也是这样对待王建的。

作为男人，有个女人如此爱他，看重他，以他为傲，他应该是极满足的，但在朋友们的疑惑和羡慕中却传来了两人离婚的消息。王建宣称：我变不成林丽口中赞扬和希冀的那个人，也不想变。

林丽平时为人还不错，也许是爱称赞王建赞出了习惯，对同事们也从不吝夸赞，因此大家在惋惜的同时，也找机会安慰林丽，同事们商量来一次部门聚会借机让林丽想开一些。那天林丽喝得有些醉了，说了许多心里话，话题都是关于她和王建的。

这时大家才知道林丽对王建的所作所为原来竟是她的"驭夫术"，是她"望夫成龙"而用的策略。

当时在场的每个人都有些震惊，王建，大家都认识，他和林丽结婚之前就在这家公司工作，只是和林丽结婚后不久，在林丽的鼓励之下下海经商了。大家每次看见的王建都是忙碌的，虽疲累但精神很好，听说很拼，事业做得也越来越有起色。倒没有听说他对婚姻不忠诚，当时大家还都感叹林丽很旺夫，王建很有福气呢。

没想到，一切都是假象，原来林丽这一切的支持和赞扬竟然是别有用心的"驭夫术"。可是在婚姻里适当地用小心机驭夫是没有错的。婚姻里很多女人也都小有身手，有情趣，有意思，也很有效果。即便没有效果也是婚姻的小插曲，无伤大雅的行为

幸福女人读婚姻

而已。

至于林丽的婚姻最终走到了离婚的地步,是因为她的行为太明显了,有了确切的目的和意义,无形中给了先生很大的压力。大家印象中的王建很随性,没有大的理想,淡泊名利。原本大家对王建突然转变成事业型男人还很惊讶,只是没想到这都是林丽的督促和赞扬的结果。

可如今王建却又因为林丽的赞扬逃出了婚姻。可能林丽还是不明白,她只是夸赞丈夫,用此法鼓励他变得更好、更上进,哪儿做错了呢?怎么就使王建提出离婚了呢?

在婚姻生活中像林丽这样信奉夸赞能成就好男人的女人也不少,但做得像林丽这么偏执的女人却不多。大多数人只把"赞"作为婚姻里激励对方努力做事的一个小手段,比如希望他对家务负责点儿而夸他洗碗干净、做菜好吃;对他模棱两可的竞争无信心而夸赞他其实实力不差;等等。如果把这个情趣般的小手段放大并拿来作为改造男人的武器,并将其用到无孔不入就有点冒险了。

林丽坦言,她用了极大的耐心来培养王建对家庭和婚姻忠诚,培养他对事业有追求的热情和信心。然而因人而异,这里有一个接受和实施两方面的问题,有的男人乐意接受,有的男人却无法接受,因为有人理解你的剑走偏锋,有人不屑你的了然于心而不愿直接面对,当然,这里还有一个爱得深浅的问题。爱就愿意为你改变,不爱即使他改变也不一定是为了你。而这一切的前提是你对他的爱有多深，是只需要他成功还是希望他顺心生活？还有一点是女人不能忽略的，那就是一味地称赞他会让他觉得你是在奉承他，夫妻之间为什么要奉承呢，不是有所惧就是有所图，那爱情呢？

  婚姻里不能忽视对方对自己的爱和肯定，但如果肯定过火，就会让人怀疑立场和动机。无条件、无缘由的爱情不符合世俗，最终会两两失望。那些在婚姻里望夫成龙的女人们只需要明白，人和人不同，有人被赞了谦虚奋进，有人却窘而躲避，也有人无奈而厌倦。你爱的男人属于哪一种呢？如果你还不想让他"逃出"你爱的包围圈，又想让他在你的"鞭策"之下变成你理想中的爱人，而你还觉得"赞"的方法更好，那你就要做到"适赞"而"有度"，而不是用"赞"袭得他无处可"逃"。

第七节

你若急于补位，就暂许他审美疲惫

一女友恨不能昭告全世界她结婚的消息。她终于用尽办法让那个男人在离婚仅4个月后就不得不娶了自己。她控制着自己没做小三，只做红颜知己不求回报地暗恋了他4年，当那个男人和他妻子感情破裂离婚后，她立刻主动进击追求，终于修成正果。

很圆满的结局，也替女友能找到良人而感到高兴，没想到女友蜜月还没过完便满脸失望地来诉苦，说先生根本不像个新郎。她愿望中浪漫的如诗如幻的蜜月生活没实现不说，先生还对什么事都提不起兴趣，她兴奋异常地看见什么都觉得幸福，看见度假圣地的各种活动都想尝试，可先生一直没有兴趣，即使勉强和她参加也心不在焉。没几天光景，她们已经像老夫老妻一样，而他们的蜜月和老夫妻度假一个节奏。

婚前做红颜知己时的美好感觉荡然无存，以前在婚姻之外和她相处的谦谦君子不见了，现在他对她就像是花钱买了一件并不感兴趣的物品，无所谓尊重、赏识和珍爱。她感到一种梦想破灭的落空和自尊被轻视的耻辱。她说早知道这样还不如做一辈子的红颜知己，那样至少彼此之间还可以维持一点神秘和想象，现在的关系有一种裸露后的失望和遗憾。她甚至说她突然怨恨这个暗恋了4年的男人，觉得他自私可恨，怀疑他其实是有着所有平庸男人劣根性的泛泛之辈。

摒弃婚姻这层关系来说，女友的先生是一个不错的男人，事业、家境、样貌都不错，而且对女人也尊重。和前妻感情破裂的前一段时间他从来没有不二之心，反而努力做了很多事情想挽回婚姻；而在离婚后，却把大部分的财产都给了陪伴了他几年的前妻。

都说离婚能看出一个男人的人品，可见女友的先生人品不差，前段婚姻无可置评，但从女友现在的婚姻状态来讲，女友是有些急躁而失去了理性思考的。

女友的境遇，许多主动补位的女人好像都经历过。只能给这些女人说有时急于补位，仓促间就把自己的情感位置放偏了，以至于根本没弄清楚自己的感情方向。就如女友暗恋4年，在这4年里一直痴心不改，而男人一方面是她的知己，一方面又在一场婚姻里泡着，女友期望的是纯爱，而男人已经被婚姻泡得不知道纯

幸福女人读婚姻

爱是何物,不是没有,而是此物早已离去多年。

两人的感情错位在于经历的差异性,女人勇往直前,男人却还没有调整过来。也许是基于对女人痴恋的补偿和歉意,或是即使暂时没有结婚的打算但也没有理由拒绝,就"不得已"而为之。精神上是肯定的,但身体上却不受意识控制地否定着。

其实也不能怪男人自私,也不是爱得不深。离婚对男人来说也是经历了一场"劫",劫后是惊是险,或是无惊无险,总之是经历了一场心灵与情感的战争,也是需要时间来平复心情的。爱情好像此时并不是抚平此劫的最佳物质,甚至抵不过红颜知己的友爱。

曾经听过一个刚刚离过婚的男人对再次结婚的想法,他说自己两三年内都不会再婚,虽然相信爱情,但面对女人一是感到害怕,会回忆起前段婚内的伤;二是没有自信,担心自己经营不了第二段婚姻;三是觉得成熟男人应该空出时间来自己调整心态。

他的说法,虽然不能统一概论,但至少能反映一部分男人的心声。因为他刚刚在婚姻的海里扑腾着上岸,如果海里没有让他牵挂的东西,他怎会重新再下海,即使有让他下海的东西,那暂时也不是爱情。因为是你太急于补位,那男人暂时的审美疲惫也是生理性的所需。

说白了,是你的跑不了,主动追求没错,占据先机有道理,但既然能有不求回报做一辈子红颜知己的坚持,难道就没有等男人"疗伤"的那一点时间?何况疗伤后恢复的是一个崭新的能和你的纯爱并行的男人。

　　既然已经补上了期待的空缺，婚姻暂时偏离想象就让它偏离去吧，做好自己，调整好心态，耐心等待才是修复婚姻最好的方法。既然男人能为你在最短的时间里再次涉海，就是对爱的最好证明，你要不给他缓解疲惫的时间那就是真蠢，聪明的女人不做这种事。

第八节

别伤害男人的自尊

有的女人在婚前很识事,很会做小女人,里里外外很给男人面子,但婚后却不一样。也许是觉得婚姻成型,先生已经是自己的专属爱人,或者是出于想把先生教育得更好,就不自觉间忘了给先生面子这回事。

媛媛的先生说话爱吹牛,他本人却不自知,反而安享其中滋味。为此,媛媛有时在朋友面前碰上先生吹牛,时常觉得很丢脸。

有一次朋友聚会,大家玩数国家名字的游戏,媛媛先生不屑地说:"这有什么难的,我随便说百八十个没问题,说完别太佩服我哦。"面对在座的各位女士,媛媛的先生还不忘卖了个萌。

结果，媛媛的先生只说了三十几个就没有下文了。媛媛面对在场的两位对世界地理颇有研究的朋友恨不能钻进地缝，她先生还在奋力地思考，媛媛一句话就把这件事了结了，她脸一沉说："别想了，再想你也想不出八十个。"先生很难堪，当然在场的各位也很尴尬。

不过马上就有会调节气氛的朋友出面用一句玩笑把这件事带过去了，随后大家也算玩得愉快，那个小游戏也只当是个无关痛痒的小插曲。可媛媛却觉得这件事非同小可，吹牛在特定的场合是情调，但在有些事情里就是毛病，有时候会让人颜面扫地，于是，痛下决心非要改了先生这个毛病不可。

从此媛媛悉心观察先生话语中的蛛丝马迹，每逢必究，究必彻底，而且让先生心服口服得无话可讲。媛媛上大学时就是辩论社的，现在更是把这本事发挥得淋漓尽致。

在家里如果先生对着孩子说大话，媛媛严厉指责，说先生这样会把孩子教坏，会让孩子从小就不踏实、不诚实，长大会油嘴滑舌。先生不当回事，觉得自己就随便开个玩笑，媛媛就立刻反驳，作为父母要严于律己，才能给孩子树立好的榜样。媛媛的先生也算识体知事，认真思考后，觉得媛媛说的很有道理。

可媛媛这样的次数多了，先生也觉得很委屈，甚至怀疑媛媛是否有了外心，处处看不上他。当两人一同外出的时候，媛媛会再三交代他少说话，不该开的玩笑不要开，特别是说大话的毛病要谨记。

幸福女人读婚姻

  媛媛一副认真负责的样子，没想到这样却把先生惹怒了，他声称自己也是受过高等教育的人，自己是有说大话的缺点，那也有性格直爽的原因，自己也能分清轻重，什么场合说什么话，有多大的底线还是有分寸的，怎么现在就被媛媛抓着批评不止呢？

  被先生这么一说，媛媛也觉得自己对改正先生说大话的方法有问题，可能说的次数太多了，招他烦了。另外还有几次当着孩子的面，当着父母的面呵斥先生了，她当时觉得孩子和父母也不是外人，谁知先生大男子主义个性凸显出来，觉得自己不把他当回事了。

  媛媛也是个知错就改的女人，当场就向先生认了错。但遇事觉得先生有说大话的苗头还是会小声提醒。

  先生没有再反驳她，她心里犹自欣喜，觉得自己"驯夫"有方。但不几天她就哭丧着脸向好友诉苦，说先生现在倒是不吹牛了，却和她话少了，也不愿和她一块儿会朋友，小两口的生活变成了连阴天，往日婚姻生活的那种活泼景象一去不返。先生甚至又一次认真地和她谈及如果她觉得和他在一起不幸福，他会考虑的。

  考虑什么，结果不言而喻。先生的意思是会大度地放她自由，只要她能幸福。这可不是媛媛"驯夫"要的结果。她从来没有想过离婚，先生虽然爱说大话，但办事也大气，为人豪爽，对好朋友、对家人呵护负责。这么一想，先生的优点也是一大堆。最后，还是好友提点了她，说她伤害了先生的自尊。

但媛媛还是觉得事不至此,她觉得自己还是很顾全先生的,有外人在场的情况下三缄其口,绝不戳破先生吹的"牛",只是私底下狠狠地训他。

媛媛觉得夫妻在家无所谓脸面问题。所以在外顾全了先生作为男人的虚荣和尊严,但一回到家就不一样了,可以不讲究太多言辞,一次两次,男人能嬉皮笑脸地口头接受,三次四次男人会点头称是,五次六次男人会意识到自己的毛病不好……殊不知,再继续下去,也会严重打击男人的自尊,积少成多还会演变成严重的"内伤"。

男人会在你的无情数落和严厉批评下被迫认输,变得讪讪然,接着会产生自尊被损的失落和被践踏的羞愤,最后可能是恼怒发飙或彻底沉默,因为他觉得在自己的爱人面前毫无尊严可言。

试想男人在家已尊严扫地,在外即使你给足了面子,他也只有硬撑的份儿,内劲明显不足,还憋着"哑巴吃黄连,有苦说不出"的怨恨。如此,男人理所当然会逃避你,甚至厌恶你。女人犯的就是忽视了男人的自尊,"驯夫"不懂得适可而止的错误,结果把先生的脸面从内彻底拨脱,导致夫妻关系疏离。

其实,说话吹牛等都是单个事例,有的男人会有抖腿、酒后发酒疯等不好的习惯,女人出于颜面或对他的爱想改正他,无可厚非,但方式方法很重要。因为所有的习惯都是性格的一部分,若强行扭转,就是会给对方带来不可预知的伤害。

幸福女人读婚姻

我认识一个男人,办事很磨叽,说话很啰唆,有时事无巨细得让人很无奈,就像对方是小学生一样。他的妻子是个大大咧咧的女人,但对于自己先生的这个特点却很欣然接受,对他的"唠叨"并不排斥。当有人问起此事时,她很大方地说:"他就那样,改变了就不是他了。再说,强行改变他,也伤害他的自尊心,他现在已经比以前好多了。"

这个女人的做法很适合,媛媛可以借鉴,对于和个性相连的某些所谓的缺点,退一步讲是贫嘴,进一步讲就是风趣。如果毫不留情地训斥,是不可取的,毕竟是爱人不是别人,是和你同心同德要走完下半辈子的人,你若不能接受他的某些不完美,还怎么过下去。你要不顾惜伤害了他的自尊,他表面正常,内心不再自信、阳光、开朗,那就得不偿失了。

所以,聪明的女人应该懂得:"驯夫"剑之所指,方法很多,不一定非要所向披靡,直捣黄龙,不妨剑走偏锋,化百炼钢为绕指柔,力道留几分,点到为止就能赢得温柔又漂亮。毕竟,先生是你最紧密的枕边人,而不是与你势不两立的敌对分子,何必一定要成王败寇呢?

好婚姻
允许岔路回头

第三章

  婚姻考验每个人的坚贞，但坚贞不是一诺一时，而是一诺一生。一诺一生的婚姻若顺风顺水，那是上天的垂怜和偏爱，稀世不可求。大多数婚姻，冲突和矛盾不断，绝望和希望共存，无奈和后悔同在。婚姻平凡，婚姻里的人同样平凡，平凡得会被引入歧途，会被冲毁头脑，会误认悖论是真理，会误解心计是贤淑。佛曰：回头是岸。

第一节

"装"着爱,也没什么大不了

江小晓谈了三次恋爱,都无疾而终,在29岁的时候,她遇见李强,李强的外在条件很一般,长相、学历、家境,都称不上好,但胜在人很灵活,敢想敢干,江小晓和李强认识的时候,李强刚盘了两家店面,借账一大堆,也没有盈利动向。

江小晓看不上李强,江家人也不怎么满意李强,对此,李强自己也知道,但最后江小晓还是高高兴兴地嫁给了李强,结婚后,江小晓在外人面前也总是一副幸福女人的模样。连江家的父母和亲戚都怀疑,江小晓婚前看不上李强的表现是装出来的,要不就是人前欢笑人后伤怀。

经过仔细观察,父母亲戚觉得,江小晓看起来不像是装,在

幸福女人读婚姻

外面她很幸福满足的样子,在家里看起来和李强的关系也不差,有时也偶尔吵个嘴,但很快两个人就和好了,和正常恩爱的小夫妻没有什么不同。

有朋友也知道江小晓和李强结婚时心情是别扭的,因为婚前江小晓曾在朋友面前哭诉过,说自己马上30岁了都没有遇见喜欢的人,这辈子恐怕也就这样了。朋友们都知道她很向往婚姻生活,希望在30岁前有一个安稳的家。

如今看到江小晓生活得貌似很幸福,朋友就问她,是否是婚后发现了李强的好,先结婚后恋爱了。江小晓倒是很平静地说:"装着爱的,装着装着就爱了。"

这是什么逻辑?要是让奉行真爱至上的人听见,肯定诟病和鄙视她,爱怎么能装呢?而且婚姻是两个人朝夕相处,没有点好感和爱意,怎么能装着生活下去呢?

对于这点,江小晓还是很有自己的见解的,她说:男人和女人之间如果不是气场特别不和,或是特别讨厌和不喜欢对方,都是能和平相处的,爱意虽然谈不上,但是好感总是有点的。再说,如果以结婚为目的,两人的相处都是以向爱靠拢为出发点,所以对对方有好感就容易得多。另外,以这个目的为基础的相处,更容易发现对方的优点。

就拿江小晓自己的例子来说,第一,她到了结婚的年纪,也想结婚;第二,经历过几段恋情,没有遇见满意的,但毕竟恋爱史不苍白,也没有多遗憾。按照条件摘选一个对象再培养感情，这样会更保险一点；第三，经过她的权衡，李强虽然外在条件不起眼，但人也不花心，这是婚姻稳定的基础之一。李强心眼灵活，有经商头脑，又肯吃苦，不惧失败，此后生活必定不会很差，这是婚姻稳定的基础之二；第四，江小晓特别自知，她自己条件也一般，找外在条件和内在条件都好的男人的概率很低，退而求其次，李强就是潜力股，李强对她又钟情，抛开她自己这方面先不说，这已经是婚姻关系中最适合的选择了；第五，江小晓也了解自己，她是能装着很爱的，而且会竭力去爱，去发现对方的好。事实证明，李强的人格魅力还是有的，为人大方热情，办事稳重成熟，比她婚前交往过的对象都靠谱。

　　如今江小晓的婚姻就是如她自己所说，装着爱，爱着爱着就真爱了。江小晓是幸运的，她赌赢了。当然，爱情也不是赌博，赌赢就爱，赌不赢就不爱。婚姻也不是赌，但不能否认的一点是，在婚姻里，最起码的责任感是代入。

　　现实中的婚姻不是偶像剧，不都是以真爱为基础的开始。否则都不会有商业联姻、家族联姻、门当户对、各有所图这些词汇。既然由于各种现实的原因，自己是自觉自愿跳进了婚姻，就要拿出自觉自愿的精神，即使心里还有疙瘩，面子上也不要表现出来，如果表现出来就会招致打脸：没人逼你嫁他。

　　既然嫁了，就要幸福，不幸福，也要尽自己所能去挖掘婚姻生活的好，尽可能地让自己过得好一点，这是对自己的疼爱，也是对婚姻和爱人的尊重。当然，如果实在相处不来的人不勉强也

幸福女人读婚姻

是对自己和婚姻的负责。

一个美称叫大美的朋友，对装着爱的婚姻很拥趸，她说："装着爱没什么大不了。"大美经历过两段婚姻，都结局不美好。大美个性挑剔，脾气暴躁，前两任都放言受不了她的性格，大美也知道自己的性格不好，从客观上说，她对前两任先生的为人和他们自身条件是没有挑剔的，她承认他们都是不错的人，但离婚是他们提的，而且对她开出的条件也丰厚。

出于自尊和利益的原因，大美不愿纠缠，就痛快离婚了。事实上，她是不太想离婚的。离婚后，她自己做了一些总结：因为个性原因，不会表达是她的一个缺陷，对前两任先生不太爱是一个方面，她太直爽表里如一也是一个方面，这几方面都导致了她婚姻的失败。

大美第三次结婚的对象没有前两任先生优秀，工作收入一般，只不过性格较好，稳重包容，他们现在却过得很好，有人开玩笑说大美是遇上真爱了，大美却解释："年龄近不惑，哪里还讲究真爱不真爱，只不过自己经过了两段婚姻生活，有些感悟罢了。"

她的感悟就是：在一段婚姻里，改变不了对方，就不能再坚持去改变对方，也不能太坚持做自己，更不能忽略和无视对方。如果还要这个婚姻，还觉得这个婚姻可行可过，那就是装着爱也要爱下去。当然，前提条件是，你要甘心装。

大美切身体会到装着爱的好处是：你装着爱的时候，会心态平和，对方感受到或感激你的爱，就会回应你更真诚、更多的爱。此时你就会发现被真心爱着的感觉真好,从而你就会想去发现对方更多的好而忽略和包容他的不好。这样连锁反应的结果是:你得到对方更多的包容和尊重,接着就会有更多正能量的东西产生,如理解、尊重、信任、彼此珍惜、彼此成就。

听大美一席话,简直觉得装着爱的婚姻太美好了。其实,大美的说法只是一面之词,她也只是要表达,在婚姻里改变不了对方的时候,就试着改变自己,总不能让婚姻走到无可挽回的地步。这其实是,在婚姻里自己心疼自己。

不是说要婚姻里的女人不幸福,却装着幸福,不爱对方都去装着爱对方,每天心里苦哈哈,表面装得笑哈哈,这样的婚姻是没有任何意义的。

装着爱也是有条件的,首先是自己愿意,有信心让自己幸福;其次是有所图,图对方身上你不舍或想要的东西,这样你装得又值又欢喜;再次,不讨厌是基础,相看两厌装也装不出爱来;最后,个人认为,装着爱适合心性成熟的女人,至少得有不赌气、不拿婚姻当玩笑、不怨责、自信这些品质和修养。

如果在你的婚姻里,你不愿意装,也装不下去,但还要硬装,那就是对婚姻的亵渎了。奉劝处于这种境况的女人,回头是岸,还是不要浪费彼此的时光为好。

如此看来,虽然装着爱没有什么大不了,但也是个技术活儿,不是每个女人都能驾驭得了的。但如果有信心驾驭的女人,还是要把握机会,也许幸福就尽在掌握中。

第二节

如果要为婚姻放弃点儿什么

一位婚前极洒脱的女同学在一个大学女同学见面会上酒至微酣时,这样总结婚姻:都说女人婚前被男人爱,婚后爱男人,一点没错。

这位女同学当年在大学里曾是众多男生追求的对象,她漂亮孤傲,爱好广泛,理想远大,目标明确。不过后来她只成了那些男生大学时代的一个梦,因为她家人给她定了亲事,她的未婚夫除了家境好以外,长相、学历都很一般,但对她却好得没话说,百依百顺还能承受她的不屑与冷漠。最后她们结婚了,婚后男人充分发挥自己的商业头脑,事业逐渐做得风生水起。她在生下孩子后,在家人的规劝和自己权衡利弊后就安心在家做起了全职太太,不过她现在的变化也太大了,有点让昔日同窗们接受不了。

当年的聪明清傲在她身上已荡然无存,她出口交谈的内容中全是琐碎,当年那个被他漠视后来变成她先生的男人现在就像一杆为她开路的旗帜。

她句句话不离那能干又会赚钱的先生,先生给她如何富足的生活,对她和孩子是多么地疼爱,她说她在婚前从没有想过洗手作羹汤,现在却厨艺精湛,能在10分钟内搞定一顿饭,就为家里的三位男士。当然,这三位男士是先生和两个6岁的双胞胎儿子。

这句话一出,直接在一众已婚数年的女同学中遭了白眼,这是明晃晃的炫富和炫福。不过她说的那句"就为了家里的三位男士"时,眉眼之间只有张扬的母性情怀,让人看了完全与在学校的那个曾经高傲的"白天鹅"对不上号,但却是接地气了不少。

接地气并不是坏事,现场的那些年过三十的女同学们,都没有了当年的青涩矜持,个个彪悍泼皮,直白调皮。而在她炫富炫福完后,狠狠地总结的这句婚姻道理,却暴露了她的内心,话语中有着失落与自嘲、不甘与气愤、认命和无奈。

其实一点不难理解,女同学已经疏淡了专业,现有的婚姻生活让她逐渐磨平了自己当年引以为傲的个性,富贵在身,但风发不再,爱好也从读书画画转型为浏览美容八卦,健身聚会。现今的她除了拥有先生孩子外一无长物,而先生却商路坦荡,正直壮年,又金钱和事业加身,今非昔比,自有气质傲娇的女孩钦慕攀附,哪还用浪费当年追她时的劲,她主动爱他、关心他都还怕他

幸福女人读婚姻

心有旁骛,哪还轮得上不爱的情愫显山露水。即使先生给她一百个承诺说不会离开她,我想女同学都是不会安心的。先生已经成为她人生唯一的稻草,所以要更加地爱他。

不能抨击女同学的这种爱不是爱,不是婚姻存在的某种形式,只是女人爱到这分儿上很悲哀。

为什么要说婚后女人爱男人呢?抛却婚姻的责任义务和忠诚度,先结婚后恋爱衍生出来的爱情,就只能是获取足够的安全感。

从女同学的语气里感知,她是不甘的。因为她在婚姻里放弃了太多,暂不说事业、爱好、目标、立场,哪怕只保留一点点的个性和坚持,她都会握有一个相当宽裕的婚姻立场。亲爱的女人们,无论那个日渐金贵的他在我们心里有多重要,都不值得我们放弃全部的自我去爱他来换取安全感。

那位女同学,说罢此话不久,就传出了婚变,过程和众多庸俗的男人出轨,正室坚决维权一样,听说闹得轰轰烈烈,开始是女同学不顾形象机关用尽抓小三,接着是哭天抢地不离婚。但听说他先生对此置之不理,坚决离婚。

婚姻就像是要把男人和女人原本两个独立的图形,消减成两条太极鱼的形状合成一个大圆形的太极图,彼此都要为此宽容和妥协才能契合和圆满。如果一定要放弃点什么,就必须要顾及太极鱼的头尾比例,如果把自己消减得不成鱼了,那婚姻也就不幸福了。

后来，当我再看到这位女同学的时候，却与想象中的落魄形象不同。此时的她妆容精致，笑容完美，处事练达，在一家五星级酒店当部门经理。

原来她置之死地而后生，通过离婚彻底醒悟：安全感婚姻可以给，但给不了太多，关键还是自己给自己的。

女同学本来就是气质和知识并存的女人，如今又重拾在身，再加上生活给予的洗礼，她现在就如浴火凤凰涅槃重生，整个人都闪着自信的光芒。

当然，这位女同学重遇了爱情，也结婚了，婚姻很幸福，她现今的先生依旧很优秀，家里的经济能力同样不必她辛苦工作，但她不但事业做得很好，而且爱好发展得不错，旅游、健身、画画几不耽搁。真正成了一个人见人爱的女人。

她再次对婚姻进行总结：在婚姻里，一方总是要有所放弃的，但最不应该的是完全放弃自我。

第三节

爱情再体验，忽悠了谁

好友心怡幽怨地说：如果有个已婚男人爱情再体验学校就好了，那样的话她一定送她先生去学习。另一个女人揶揄：那样的话，学校的门槛得一次次被踏破，房顶一次次被掀翻。

心怡的意思是，无论花费和麻烦事有多少，还是愿意送她先生去体验。不过她追加道：学校最好有全面严格的体制保障。第一，必须保证原有的婚姻稳定；第二，体验要有额定的上下限；第三，体验后要男人有所收获和感悟，激发对婚姻的责任感和忠诚度。总之办学的宗旨是让男人能安心待在婚姻里。

众女人从不屑到兴奋再到感叹，衰弱地自问：世界上会有这样的学校吗？

是啊，不可能有。于是心怡独自幽怨后又感叹地总结：女人若是结婚，最好是找经历过感情跌宕的男人。那种男人就像是看透过高处的风景线，俯瞰过低处的众生态，心里才会有开阔的底气，有见过世面的平和，才会豁达稳实地安心生活。因为，如果没有经历过终究会向往、会奢望，男人情感经历少，等他明白世事的时候，总想补上这一课的。

原来，已婚男人体验学校的灵感来源于心怡自身。她是先生的初恋，而她在遇上先生之前已经经历过了几段身心疲惫的感情，那几段感情都因为各种原因无疾而终，但每段感情都给了她深刻的经验教训，从而让她更加明确了自己的择偶条件，对婚姻也就有了更成熟和现实的认识。

心怡本来在自己的婚姻里很安然、忠诚，也珍惜和享受婚姻里的幸福感。但随着年龄的增长，先生的事业和身心都有了新的变化，对于爱情也有许多遗憾和不甘，目前虽没有婚姻上的分歧动向，但却让她有了被轻视的感觉。于是才从内心里期望有个机会能让她先生在不背离婚姻的情况下，经历体悟对比一下另外的爱情，而后回归家庭的这种荒谬的想法。

一个女人对她先生都到了有这种要求的程度，可见对现在的婚姻有多么珍视，有多么担心，又有多么想好好保护。

但是心怡的话还是遭到了质疑：如果他过尽千帆后对婚姻淡然了怎么办？能保证他不会流连忘返？对于他的回归有多大把

幸福女人读婚姻

握?面对这样的质疑,让心怡本来就不切实际的想法一下子崩塌了。

心怡的想法听起来荒诞,但也确实是部分女人心里有过的想法。初衷只为让心有旁骛的男人去再经历一番情感动荡,从此能体会到婚姻静谧的好和平淡的真,沉下心来和自己过庸常的烟火日子。但事实是没有女人能勇敢地送先生出去再谈个恋爱,心怡也不会,因为她们心里太明白结果是什么。

为何那些如心怡一般的女人们还要假装看起来很美好、大度,但实则是隐忍、无奈,甚至还需要自己安慰自己?其实是女人已经把自己放在了让男人退而求其次选择的位置上,去等待、被动、认命,而对自己的婚姻期待只有臆想。

女人对爱情有了怀疑,有了不确定,婚姻也许出现了问题,如果将这一切都归结为男人的感情经历单薄,看不到女人的好,这绝对有嫁接自己的问题于其他的嫌疑。

有多少男人一生也就只拥有一次爱情?在这样的情况下,若让男人有这样的再体验作为,那就只会向男人传递一个信息:妻子不是那么爱他,只是想让他和她一样才平等。妻子对他太不满意,让他去接受再教育,是想改掉他满身的缺点。

如心怡一样的女人没有考虑到这样一个问题:之所以有爱情再体验如此荒谬的想法,是女人已经明白自己没有那么好,但从心底里又希望自己在男人心中比其他的女人都要好。幸好还有这点明白。

其实女人可以这样做：既然已经有对婚姻悟然淡定的状态，那不如发挥自己的本事让男人在家里和你再体验一把鲜活的爱情而后生，这样的教育难道还胜不过送出去上体验班保险？

第四节

婚姻的安全模式

李佳佳是一个好妻子。她个性贤淑坚韧,勤劳善良,完全称得上是一个贤良淑德的女性代表。

她把家里收拾得井井有条,娘家和婆家的关系也处理得很是得当,得到了大家的一致好评。这样的女人无疑是男人的完美后盾,可以让男人毫无后顾之忧地拼事业。

但事实上,李佳佳的丈夫事业很一般,结婚快10年了,工作并没有多大起色。

这也没有多大的问题,毕竟每个人的能力有限,公司不是谁都能开的,百万富翁不是谁都能做到的,只要婚姻生活和美也算是好人生。可是李佳佳的婚姻就这点不尽如人意,她的丈夫明着出轨了。

这样的事任谁看来都是不可忍之事，没本事又平庸，守着这么一个既能干又贤惠的妻子竟然还出轨！

李佳佳哭了好几天，也没有闹出多大的动静。最后在亲友多方劝说之下，她大度地原谅了出轨并愿意回头的丈夫。只是破镜重圆的结局，裂痕永远存在。从此她的婚姻无论是在别人眼里还是自家人眼里，都没有了之前的和谐。

有好友事后还不能理解李佳佳丈夫的作为，愤愤然替她抱不平。但没有想到，李佳佳的丈夫也很委屈，原因说起来尴尬，他说感觉妻子太好了，他没有安全感。

是不是很让人惊讶的答案。难道出轨就能找到安全感了？但据说他出轨的对象是一个农村出来的打工妹，打工妹人很质朴也很天真，很把他当回事，把他当天一样看待，即使他为她做了微不足道的一件小事，打工妹都把他夸奖一番，念叨一遍。他已经不是好骗的小青年了，但却很享受这种没有压力的认同感。

在打工妹面前，他觉得自己很有用，能被人依靠，能被人需要，而他在李佳佳面前却没有这样的感觉。李佳佳从来不说苦累，也不撒娇，任何事情都做得有条不紊，在单位的工作也做得顺风顺水，人缘也好。对他也是一副百依百顺付出所有都在所不惜的样子。

对于一个男人，拥有这样的妻子应该感到满足才对，可李佳佳的丈夫坦言，这样的李佳佳让他没有真实感，爱恨不表达，任

幸福女人读婚姻

劳任怨,对他不索求,他总有一种愧对她的感觉,在她面前享受她做给他的饭菜,收拾出来的家居环境,都有一种占了便宜的感觉。爱,更是不知道从何谈起。

李佳佳的丈夫还坦言自己的事业一般,也没有多大的上进之心,但李佳佳做的所有事情看起来都是让他在家庭里没有后顾之忧,希望丈夫一心做事业的势头。

一个家庭的事情复杂,很多关系维持起来需要承受许多委屈,但李佳佳从来不说。这种感觉对于他来说,就像妻子默默忍受一切就是让他自行明白:她的一切付出就是有一天能让他飞黄腾达时不辜负她的付出。可他真做不到啊。

不安的情绪无处发泄。一时糊涂就外遇了一个女人,慰藉心灵。

不久,这话就传到了李佳佳的耳中,她直呼冤枉,因为她真没有这么想过。令人啼笑皆非的是,李佳佳之所以这样贤惠,并不是天性使然,而是她和丈夫有同样一颗感觉不到婚姻安全的心。

李佳佳的丈夫虽然事业中姿,但也很稳定,加之相貌英俊,为人礼貌,在她看来丈夫处事淡漠,很有一种超然的气质,很符合她的心意。她把丈夫想得很完美,总觉得自己配不上丈夫,因此想在别的方面做得更好一些来让婚姻的关系更平衡。她的付出完全是自愿的,没有任何企图,完全就是出于对丈夫的爱。没想到各自的自我行为却差点让婚姻走上了无可挽回的岔路。

不安全感成了夫妻间的隔阂和婚姻不稳定的导火索，甚至成了出轨的借口。

我们不标榜出轨的可原谅性，也不讨论特定的婚姻里出轨的主观性和客观性，只是说夫妻间造成的误会导致看到的结果。而这种误会却是在现实生活中客观普遍存在的，这种婚姻里的女人还在努力却迷茫着。

男人，大多都粗糙和粗心，如果不是女人表现得太过自我，付出得太过专一，就会让男人感到你不在乎他。而从女人自身来说，她也是处在不知道怎么做才能更好的迷茫之中。所以婚姻里的两人都感觉不到对方带给自己的安全感。

爱情是美好的，保持一些神秘的色彩，那是情趣也是享受。但婚姻是实实在在的生活，最后落实到柴米油盐、鸡毛蒜皮这等小事上。如此贴近的生活，婚姻中的两个人还看不到彼此的缺点和短板，就会有一种脚不沾地的飘浮感，心肯定踏实不下来，何谈安全感？

恋爱中的女人会有小算计，算计自己能有多大的安全感。婚姻里的人也会衡量，只不过婚姻里的安全感更直接，需要更直白地向对方表达出来。如果觉得实在是不必要，就不要遮遮掩掩，直接把自己的缺点和短处暴露给对方，这是最拙劣和平凡的手段，却是最真实和安全的。

这是一个简单普通的故事，女主角李佳佳是众多女性群体中的一个，她爱戴丈夫，爱护家庭，珍惜婚姻，但她在她珍视的婚

幸福女人读婚姻

姻里犯了一个小错,不是不说,不是不做,而是太不讲回报地一味付出。这种付出是可怕的,轻则会让对方不知感恩,自己的一番心血付之东流;重则会让对方不懂珍惜,弃你而去。

所以婚姻里的安全感,不一定是经济独立,个性强硬,坚信彼此的爱意,还要让各自的缺点和短板互通款曲。想要在婚姻里拥有安全感,首先要让对方感觉到安全。

第五节

婚姻保卫战，有时只需要一颗安生的心

3年前我的隔壁邻居是一个47岁的中年妇女，她四处打工，很勤快，不惧吃苦。但面对不低的房租和中型城市的消费，生活得并不轻松。她闲暇之际爱找我聊天。

之所以中年独身还一人在这座城市打拼，她说了很多，很是感慨，最后她的意思却归结于，她原生婚姻的破裂。

怎么破裂的？她一脸骄傲地说："他出轨，我俩就吵架，吵到离婚。他说离婚，我就说离婚就离婚，谁怕谁，当我不敢离似的，到民政局，他后悔了，我坚持离。前后4个小时，我就把他给蹬了。"她说得很有英雄气概。但说到最后，话语却软了。说她没离婚之前生活得很好，男人很能干，也很疼她，她从来不为钱

幸福女人读婚姻

发愁,也从没有想过她有一天会出来打工。

她这是后悔了。我问:"他真出轨了?""没有。"她回答得特别干脆。"当时只是和一女人走得很近,那个女人对他有意思,但他没有。"

我问:"你既然这么肯定,为什么还要闹离婚呢?"她的回答很是合情合理,她说:"这是后来通过事实得到的答案,我们离婚后他根本没有和那女人再有牵扯。其实我当时就知道。但控制不住就要跟他闹。"

我总结道:"因为贪恋而奢,寻衅滋事,恃宠而骄。"她瞪着眼睛表示同意,然后说:"话真毒,但有道理。"她当时就是那种心态。挑战婚姻的底线,然后奋不顾身地冲破底线后,才知道万劫不复。

婚姻不是儿戏,破镜难圆不是没有道理。她慢慢后悔了,不是因为打工太辛苦,也不是因为自己没有功成名就争一口气。而是因为此后经年的岁月里,她慢慢地通过对比后总结出:前夫是个不错的男人,性格、能力、长相,甚至对待女人的态度,都是不错的。离婚时,前夫含泪向她道歉,说他虽然没有出轨,但让她误会也是他不对,他最后还把家里的存款几乎全部留给了她。只可惜,她当时听不进去这些肺腑之词,反而觉得这是虚伪的借口。

"其实想出轨又怎么样,即使是我,见到优秀的男人也会遥想一二。爱美之心人皆有之,我在这件事情上犯的错就是操之过急。"她终于明白了,但好像亡羊补牢为时已晚。

婚姻保卫战若是保卫过头就成愚蠢了。画地为牢也不过如此。

现实中很多女人犯过此类的错误。有人说,这都是爱得过深,怕自己的婚姻有闪失,所以保卫没有错,防御更没有错,但防御过当有错。

不是这种为爱而作的行为有多错,而是你会把握不好火候,会错失了自己的幸福,得不偿失。

火候就是能冷静正确地判断,自己的婚姻是否确实出现了问题,是否自己要出手来保卫,贸然出手的后果,是祸是福,自己能否承受和负责得起。

其实,真正的婚姻保卫战是一个"技术问题"。而女人们自以为的婚姻保卫大多时候都是自寻烦恼。

"我是平凡世俗的女人,没有一颗决断而立的心……"这是一个好友在娓娓道来她经历过一场婚姻里的争夺战后的感慨。

她和她丈夫是相亲认识的,男方条件无论哪方面都很好,她很满意,对丈夫也是从好感到热爱,最后到深爱。她的幸福从不掩饰,就差拿着喇叭到处宣扬了。也许是她单方面在婚姻里太主动热情,又太满足而又乐意付出,丈夫在她汹涌的爱意中渐渐"混不吝"。在确定自己被无条件地爱着就容易肆无忌惮、自我膨胀,觉得全世界的女人都会爱他。

幸福女人读婚姻

    她不确定先生是否身体出轨，但精神出轨却是真的，当她得知另一个女人和先生纠缠不休的时候，她正怀着孕，震惊和气愤差点导致流产。

    她也是有尊严的女人，何故受得了这等折辱。她脑中的第一念头就是离婚，然后离家，净身出户，她要的是爱情，没有爱情，要什么都没有意义，孩子她能养，日子她照样能过。但面对先生没事人一样的态度回来照顾她，对她嘘寒问暖的时候，她就冷静下来了。

    当先生心怀愧疚和补偿的心来讨好她时，她并没有排斥。这不是贱，而是非常清醒地意识到，她还是很爱先生的，而先生对她爱心未泯，否则没有必要瞒着她，更没有必要讨好她。而且她仔细分析了一下，先生家境、样貌都不错，而且说话风趣幽默，再加上结婚后她作为女人对先生的无限热爱，让作为一个成熟男人的先生魅力毕现，自信提升。她试着以旁观者的目光审视先生，这样的男人谁不喜欢，只不过有人外放有人克制罢了。

    先生成长成现在这个样子，自己功不可没，自己一气之下一走了之，不带走一片云彩的行为岂不是便宜了其他女人，这样一思索，不平不甘之心就油然而起。

    那么接下来好友是怎么做的呢？且往下看。

    第一，她主动走出去，忍着悲愤之心认识了那个和先生打得火热的女人，展示她的有孕之身。第二，有意透露她和谐的家庭生活，公婆对她的疼爱，先生对她的宽容。还有娘家人和婆家人的关系如何密切,先生和家人计划的将来,她和孩子在此计划中的地位显而易见。第三,让那个女人认识了娘家最泼辣的二姐,以及婆家和她关系最好的小姑,小姑个性倔强独立,爱憎分明,且能干有主见会赚钱,在先生家里很有话语权。第四,她开始在老公面前显示柔弱,把起初对先生的爱转嫁到未出生的孩子身上,并教育先生和她一同胎教,在全家人的赞成中,先生配合得挺好。第五,借孩子之名,她开始事多,样样都离不开先生的参与,她名曰产前综合症,并宣称,孩子是他们爱情的结晶,他们两人都有责任。渐渐地,那女人退缩了,先生也回归了。

也许她先生和大多数男人一样,可能就想有一场不负责任的婚内艳遇,连离婚的念头也没有,但防患于未然却是必须的。"现如今的女人都是老虎,有多少会顾忌婚姻道德,会同情正牌妻子的感受。"好友如是说。

好友的婚姻保卫战打得不声不响,却又硝烟四起,说实话这属于内心战,还不能让先生知道,是两个女人之间的暗火交锋。

其实说起来,好友用的计策并不高明,甚至老套,用在某些女人身上还未必好用。但她胜在想清楚自己想要什么的时候,就持有一颗坚韧的心,待在自己的婚姻里织网,让觊觎她婚姻的人望而却步。

她坦言,她仍爱先生,即使他犯了小错也不忍放手。如果因此事大闹,大动干戈,弄得人尽皆知并不是好办法,说不定还会导致"他损一万,自损八千"的境地,到头来丢了爱情输了婚

幸福女人读婚姻

姻，害了自己，伤了孩子。

"所以，当婚姻出现问题的时候，不是冲动，而是先要有一颗安生的心，再想别的。"她以过来人的口气传授着她的经验。

小羽嫁给了一个富二代。她的公婆是本市最大的房地产开发商。小羽的家庭、学历都很一般，而不一般的就是她那华丽的外貌，先生在见到她的那一刻就陷入了情网。从此小羽的生活发生了天翻地覆的变化，生活工作都上了一个大台阶，被同龄人羡慕不已。

她自己很满足，也很珍惜，并不过分骄傲，她工作尽量努力，作风低调，在家对公婆很孝敬。对家庭极尽自己的责任，公婆和老公对她都很好。

只是好景不长，先生就出轨了，明朗朗地出轨。此时小羽的孩子已经两岁了，白白胖胖的一对双胞胎男孩。全家都喜欢得不得了，这么好的家庭生活，先生还出轨，而且对方小羽也认识，自家公司里的一个财务人员，长相并不是很漂亮，但很有个性。

大概富家公子哥玩的是征服的刺激感。越得不到的越想得到，听说那女孩拽得很，根本不屑先生，更不屑有家庭的男人，所以小羽的先生砸钱不行，就索性拿离婚去讨好。

其实置家庭于不顾，明目张胆地去外面拈花惹草的男人有什么好，但小羽却不这么想，她想要的不单单是爱情，还有其他，例如因为先生得到的家庭财富、社会地位、工作机会等。

人的追求各有不同，无可厚非。关键是小羽这个婚姻保卫战怎么去打，硬来，就相当于鸡蛋碰石头，必输无疑。巧来，好像智慧不足，能力有限。她既不能像大富婆一样宣称：我有的是钱，根本不愁有人爱我。也不能像先生公司里的CEO一样大刀阔斧，马上大权独揽，对先生进行经济封锁。

她能做的就是毫无顾忌地在公婆面前示弱、伤心，然后加倍地对他们好。果然，小羽的公公得知儿子的出轨之事后暴跳如雷。而走过世事的同为女人的婆婆则对她说："你如果还想要这个婚姻，就好好地安生地在这个婚姻里待着，什么也别做。"事实是小羽什么也做不出来，做什么也都没有用。

小羽很听话，好好地、安生地待着，该怎么样就怎么样，对先生出轨之事不吵不闹，不计较也不生事。

无为而治就是这么来的吧。先生终于在外面玩累了，加上公婆的出面干预，那女孩只好知难而退，先生也只能落拓而归。此时小羽只是稍微装装样子生气一下，就一如既往了。而先生面对如此大度贤惠的妻子也终于认错了。小羽这场婚姻保卫战是曲线救国，但好在她走对了。

著名小品演员潘长江在电视访谈节目中坦言，他正当红的时候自我膨胀，曾经想离婚，就回家找茬，但妻子各方面做得太好了，以至于"找不出毛病"，潘长江如是调侃。

小羽也是走了和潘长江夫人类似的路线，让他先生找不出毛病。

幸福女人读婚姻

  正如托尔斯泰所说:"幸福的家庭家家相似,不幸的家庭各个不同。"我们生活在婚姻里,面对婚姻里的人偶尔走岔路的问题,不知幸或不幸。人都是不完美的,婚姻里两个不同思想的人在一起,想要婚姻完美也不易。如果婚姻里其中一人企图走散或者不自觉走偏的时候,另一人能积极付出行动去拉回他,就是值得庆幸的事,无论出于什么原因,请相信,一定是基于爱。

  当你用一颗安生的心去付出行动,等待他回归的时候,那么,爱一定深藏在你的心里。

第六节

婚姻生活,远离"斩立决"

当我赶到刚新婚不到一年的好友家时,只听见好友歇斯底里地叫喊:"离婚,现在,立刻,马上,走。"语句已经短到不能再短,但好友依然觉得不能表达她的愤怒、失望和决心。此时她的表现,传递出的信息是:只恨民政局不在家门口。

好友的先生也一改平日的斯文,宣称受够了好友的任性和矫情,离婚就离婚。

他们当时的情况,我只能想到三个字,那就是他们恨不得把对方在婚姻里"斩立决"了。

当然,好友最终没有实现她当时即将要膨胀爆炸的离婚愿望,那天我使出吃奶的力气和耐心把她拉走,并且自作主张把她

幸福女人读婚姻

和她先生隔离了几天,我做这些完全是因为我曾被她们当初轰轰烈烈不顾家人反对,也不顾相隔千里走到一起的那份坚贞所感动。更重要的是我明白好友的内心深处是深爱她先生的,盛气之下分手,受伤害的是好友自己。

好友后来感叹,她这后半辈子再也不会闹这一出了,自己任性彪悍的这一次就像是站在婚姻的悬崖边上衡量爱情,幸好没有掉下去。但这次的事情却让她明白了许多,也对自己和婚姻有了理性的认识和思考。

事后想想,其实都是些鸡毛蒜皮的小事,先生也是人,他面对好友的无理取闹有时候也会忍受不了,发个火也在所难免。好友后来笑曰,如果先生面对任何事都没有一丝脾气,她说不定还不会爱呢。

人就是这样,特别是在婚姻里,有些事情一冷静面对,简直翻转得让人猝不及防,前一秒在闹离婚,后一秒就撒狗粮。

婚姻里的"斩立决"行为可取吗,难道不是在玩火?要知道,不是每个在婚姻里的人内心深处都坚信彼此的爱情坚不可摧。在盛怒之下,不是每个人都能不计较对方过激的言行,而在过激的言行之下仍保持冷静。

小蕊是一个开朗大气的女人,就是性格有些尖锐,容易偏激,敢爱敢恨这个词用在她身上最为合适。她最为显著的一个特点就是,她和先生好的时候如胶似漆,到处秀恩爱,和她同一个办公室的同事都受不了。但两人也常为一点小事闹别扭,闹了别扭小蕊的表现就如天崩地裂,不闹到先生低头誓不罢休。

在感叹小蕊先生有巨大包容心的同时,也担心小蕊的小宇宙脾气能横行的期限。

果然,在一次因看电影的小事情上,小蕊和先生骤然发生了大爆炸。其原因是:朋友送了两张电影票,但这个电影小蕊和先生都看过,所以先生顺手就送给了他公司的一个女孩,而恰巧的是他公司里有几位同事也都有同一场电影的票。这种情况之下,小蕊的先生只好又看了一场电影,之后还聚了餐。

而小蕊的打算是和先生一起重温电影,意不在看电影,而是享受二人约会。没想到先生把电影票送给了一个女孩,还和人家去看了电影,并且还一起吃了饭。

小蕊如何都受不了先生的这种"背叛",和先生吵了一架,先生如何解释都没有用,反而越解释她越生气。到最后竟有些蛮不讲理起来,说先生可能早就和那个女孩有暧昧,宣称绝不受这份窝囊气,要离婚。

小蕊的先生也是有血性的,平时对小蕊娇宠,但无端地被误会,也是火气中烧,同样出言不逊,说:"你说是就是,想离婚就离婚吧,这种日子我也过够了。"

没想到小蕊就架着先生这句气话不回头了,赌气般地要去民政局遂先生的"心愿",说自己向来是爱就爱,不爱就不爱的个性,绝不妨碍先生和小情人过上幸福快乐的小日子。

幸福女人读婚姻

话说得越来越离谱,丈夫在小蕊的坚持之下被拖到民政局,在谁都不冷静的情况下,就把婚离了。

离了婚,接下来的事情就是分财产、分居,向各自的家人解释。小蕊直接蒙了,就在前几天她还计划着怀孕呢,怎么现在就和先生成了陌路人了呢?

她立马后悔得想把自己打一顿。她承认是自己作了,她是相信先生的,只不过是因为先生没有提前和她商量就把电影票送人了,使她失去了一个和先生约会的机会。其实她们要约会,机会不是天天都有吗?

小蕊内心里是非常爱先生的,爱的程度,天地可鉴,可她因为自己的作就生生地把深爱的人推走了。可是谁会在刚离婚一小时就复婚呢?更何况破镜重圆也有了裂痕。

现实生活中何止小蕊拿离婚之事任性彪悍过,很多人都犯过这种"斩立决"的毛病。在情绪的制高点上,好像谁的态度坚决,谁能表现得更绝决谁就占了先机,就保留了尊严:我离了你可以,是我先甩了你。其实,现实是那一点点所谓的尊严又有什么重要,它只会更快地毁掉婚姻。

很多经历过这种"斩立决"险情的女人后来谈及此事都很有感触,但总结起来女人在"斩立决"分手之时都有以下两点天真。

第一点,和对方言语上升到离婚的程度,大多时候跟情感背叛这种原则性的问题没有关系,无非就是一些生活中鸡毛蒜皮的小事，过后连到底是因为具体的什么事件引起的都想不起来了。其关键是，没有积极主动且有方法地排遣因家庭琐事而产生的负面情感，导致垃圾情绪堆积，无处发泄，那件导火索小事只不过充当了引燃物，在导致她情绪失控之时，还想着要优越的胜利。即使是牵涉婚姻原则性的问题，女人更得为了自尊和骄傲不留空间和余地地第一时间先踢掉他，才能维持形象。

第二点，其实她从内心里根本不想离婚，就是在她叫嚣立刻、马上离婚的那一刻，离婚也只是一个词汇，是一种相争的手段，至于什么形式上的意义，她根本没有考虑。

现在想来，假若因意气如她当时所愿，离婚了，她会觉得离婚就像出去退个东西开了一张发票一样的感觉。她只希望这张票根对男人有威慑作用，但对于她是没有用的，有了那个离婚的证明，她那被委屈的心绪才能平静，他还是她的。即使他犯了原则性的错误，她因为爱他也想从心里原谅他一回，期望他改正自新。

有同样经历的一个女人，后来谈起这个想法竟忍不住大笑，她坦言明白离婚的意义时，才知道自己是多么天真。可见"斩立决"的错误是多容易犯又多么不可取。说到底，婚姻是自己的事，是否爱着也是私密的情，当婚姻出现了必须要面对的坎儿时，如何抉择自己内心还能幸福才是标准。但这不是快速高效所能决定的。即使真到了非分手不可的地步，也无需着急，给自己身心一个缓冲的时间，才是对自己的疼爱。

幸福女人读婚姻

  相爱是美好的事，相守都有"岂在朝朝暮暮"之说，不急一时。既然分手是伤感的事，又何必着急那一时呢？缓一缓，想一想，反思一下，沉淀一下再决定才是对自己负责，对爱情负责，对婚姻负责。

第七节

如想"破镜重圆",请保证回头是爱

"婚姻生活中充满琐碎烦恼,坑洼沟坎,谁能保证一直有颗爱的初心,永不厌倦。婚姻之路道阻且长,诱惑那么多,谁能保证自己能目不斜视,勇往直前。而且人非圣贤孰能无过。"张小瓶就是用这种语气来总结她第二次离开她先生石磊又回归时石磊不接受所说的话。

张小瓶心性很要强,有点蛮不讲理,但上帝却给了她一副人见人爱的美貌,当初嫁给石磊,也是因为石磊人长得英俊,两人相配,璧人一双,到哪儿都是被艳羡。但他们婚后的生活质量一般,两个人都是普通上班族,张小瓶保持月月光,石磊刚好和她个性相反,他实在稳重,勤俭持家,淡泊名利,但这些个性连带

幸福女人读婚姻

的，也没有多大的上进心，只求生活安稳。

张小瓶第一次动离婚念头的时候是3年前，单位里的同事大多买房的买房，换房的换房，张小瓶这才发觉原来自己当初光顾着和英俊帅气的石磊结婚，没有顾及他的家庭情况。石磊家庭中等，结婚时一套60平方米的小两居就是婚房，但现在和同事们一比，就显得寒酸了。

张小瓶跟石磊商量把这套房子卖了，再添些钱买一套上百平方米的大房子，她已经打算好了，石磊心眼小，借钱和贷款都会因为短时间里还不上钱而心里着急，所以他们不够的钱就先让公公婆婆垫上，日后他们有钱了再还。

石磊一听就坚决反对，第一，他们现在这个房子虽小，但还是七成新，两人住还算宽敞，即使将来有个孩子，三口人住也足够。第二，他们的房子是学区房，为了将来的孩子着想，现在换房根本没有必要。第三，他们刚结婚，本来就没有多少存款，现在换房，买卖中花费精力不说，还会造成短时间内经济紧张；而且父母年龄大了，攒点养老钱不容易，怎么好意思一结婚就向他们伸手要钱；这钱说是借，但凭张小瓶的为人处事，怎么会一诺千金，还不还还是另一说呢。

张小瓶听着石磊这有理有据的说辞，特别是赤裸裸的第三条，当时就被噎得恼羞成怒，她认定石磊是小心眼，怕扛债，是个没有远见的小男人。他们在这件事上磨合了许久，石磊就是只给她摆事实讲道理。

张小瓶气急败坏地说:"一句话,你就是不愿出钱,不敢借债,不能欠钱,只求一个苟且过活,你一个大男人就这点出息。"

意见不同,商量无果,张小瓶是虚荣倔强,石磊是任性倔强,各持己见。最后张小瓶以离婚要挟,但石磊来了一句俗话,"没有金刚钻别揽瓷器活儿。"张小瓶一听气急了,这意思是说她没有能力弄到钱,还在家里横了?

石磊解释说不是这个意思,张小瓶也听不进去,坚定地认为石磊不仅是没有气量,还是没有家庭责任感的男人,房子又不是她一个人住,凭什么要她一个人想办法。

她要离婚,石磊不同意,但张小瓶的倔劲上来,不离婚可以,那就分居。于是张小瓶在外自己租了一间房子,单方面与石磊强行分居了,然后过起了婚内单身生活,房子的事搁置不提。但她很快发现房子不是主要问题,暂时有没有大房子真不重要。在外独自租房住的日子,才发现有一个稳定的60平方米的房子,又无债一身轻是多幸福的事。

她不得不承认,当初石磊的分析不无道理。石磊虽没有大作为,没有大野心,但他人可靠,没有花心,能给人稳定的生活,而且分居后她以局外人的眼光看,石磊这类型是丈母娘们心仪女婿的首选。这样一想,她岂不是把好好的美玉拱手让人了。

张小瓶一明白过来这个道理,马上就在亲友的劝说之下,顺道就回家了。石磊当然是欢迎的了,他们的日子也恢复到从前的

幸福女人读婚姻

安定状态,房子之事也翻页了。

婚姻就如钱钟书先生在《围城》一书里写的一样:外面的人想进去,进去的人想出来。张小瓶就是这句话的典型代表。

在外人看来,张小瓶的婚姻是好婚姻,石磊是好丈夫,一家人幸福和谐,互补互助。但事实不是这样,张小瓶有很多欲望有待实现,但因为多方面原因又得不到实现,房子之事过去了,她又想过买车,但石磊的意思是两人上班的地方都很近,小城市,坐公交也方便,买个车也用不上,大部分时间是搁置的,这也是浪费。

张小瓶因此到处吐槽,石磊就是一个只愿攒钱的人,没有一点超前的消费观念。她有一段时间特别钟情一夜发财的梦想,买彩排,买股票,石磊劝过她很多次,说这都是赌,还是踏实工作好。她嗤之以鼻,反而讥笑石磊没有敢闯敢干的男子汉精神。

投资了一部分钱后,张小瓶没有收到回报。想过了辞职下海,通过她的思考,她自己打工虽然收入不是太高,如鸡肋,食之无味但弃之可惜。所以就想让石磊辞职,石磊的工作收入和她差不多,但作为男人来说,她觉得少了。

石磊是个周全的人,不想轻易辞职,只说他会考虑,还需要调查一下市场。张小瓶那段时间因为心思全用在了怎么样可以赚大钱,怎么样能让自己的丈夫变成精英这件事上,对于石磊的犹豫不决,她大冒肝火,认为石磊绝对是在推三阻四找借口,面对赚钱的机会，不敢下决心，没有豁出去干的勇气。

　　石磊解释，她所说的赚钱的机会只是看中了一个新建的市场，也就是看中了门面出租。但具体做什么生意，有什么计划都是有待商榷的事，哪能先辞职再想办法呢？那样一意孤行才是对家庭不负责任。

　　这次因为这件事，张小瓶心里一直过不去这个坎儿，和石磊吵了几次后，结果她一意孤行直接辞职了，并且绝情和"大义凛然"地又一次要跟石磊离婚，石磊没有答复，但答应会考虑。这句考虑直接伤了张小瓶的心。她本来只是打算再一次胁迫石磊，让石磊答应辞职经商而已。

　　自尊和虚荣让张小瓶当场单方面宣布：她要离家出走，离不离婚都要和石磊经济分离，意见分离，各自经营，互不干涉。不当夫妻，也非朋友。而石磊也是被张小瓶给折腾累了，就冷处理他们的关系：随她去。

　　事实又一次打了张小瓶的脸，因为急于求成，因为前期没有调查，就借钱着急忙慌地在市场租了一个门面，兴冲冲地准备做饰品生意。她原先设想的附近有中学，饰品针对学生会好卖，却没想到人流密集的市场使附近中学的学生都选择绕道而行，而市场里因为周围居民楼云集，慢慢变成了一个集贸市场，来往多是家庭主妇，老头老太来采购生活用品，这样一来张小瓶的店面看起来格格不入不说，还被人质疑没有商业眼光。

　　不用说，张小瓶的店赔得底儿朝天，而石磊这边却因为谨慎

幸福女人读婚姻

行事，工作照做，考察过市场后，在他自己的小区门口开了一个蔬菜店，生意一开始就很火爆。因为没有丢弃工作，又兼顾着蔬菜店，虽然雇了个人，但还是每天忙得脚不沾地，日子算是过得热火朝天。

张小瓶回过头来也反省了自己，觉得自己确实有些急功近利。石磊虽然个性沉闷，但却是她有力的互补。她认为自己是个知错就改的好女人，于是就怀着改过自新的心情，喜滋滋地回家准备当老板娘，还信誓旦旦地说："他现在都忙成那样了，还不是眼巴巴地等我回去吗？"

谁知道这次石磊很镇静冷淡，他说经过自己的冷静思考，觉得他们在一起生活不合适，他已经同意离婚了。

于是，张小瓶对着朋友们发牢骚，并有了文章开头那一番感慨。此番感慨只表明张小瓶暂时不会妥协。但愿她能确实知错就改，再次打动石磊，成功当上蔬菜店老板娘。

现实中像张小瓶一样的女人还是有很多的，当然，每个人的故事各不相同。但让我很不能理解的就是：

第一，女人为家庭付出，献计献策，努力想让家庭生活得更好的初衷是好的，可是为什么要一次次以离婚来要挟？举着自己的刚强独立出去了，以为自己会功成名就，结果失败了，就理直气壮地回来找自己唾弃的男人，这是哪儿来的自信呢？

第二，女人对自己婚姻家庭的要求有一定的高度，这是很好的事，但为什么要迫使对方改变和努力呢？

第三，女人为什么总是看不到自己的缺点和短板，而男人的小缺点在她心里却能放大到不可原谅的地步？

第四，凭什么女人会认为被她看不上的男人会一直在原地等她垂爱？

当然，谁都不能否认女人对美好婚姻的向往，但虚荣好胜过头就是自骄自大，急功近利过头就会智商下降，对对方挑剔过头就是自恋自夸，而实力不足仍自恋自夸、不可一世就是无头脑。

婚姻里的女人还是应该脚踏实地地认清自己的婚姻，选择什么样的婚姻，就选择了什么样的生活方式，不是说不能改变这种生活方式，而是要循序渐进，量力而行。对婚姻里的另一半也不能强行改变，自己不改变凭什么要求对方改变。婚姻之初是按照自己的喜爱选择的对方，但婚后怎么能把对方变成一件物品来评估，然后按喜好抛弃和收回。婚姻不是儿戏，把婚姻变成儿戏的女人，自己的人生就会变成一场儿戏，只会落人笑柄。

有人问了张小瓶一个问题，石磊虽然现在工作生意两不误，但离她喜欢的精英一族还相差甚远，现在甚至还不如只工作的时候体面，因为他时常要到店里帮忙，进菜搬菜，弄得浑身脏乱，像刚从工地上回来的民工一样，你不会嫌弃吗？而且石磊的性格跟之前与你在一起的时候没有一点改变，你不会再挑剔吗？

幸福女人读婚姻

  答案不是很重要，但是却给婚姻里的女人一些启示：如果想"破镜重圆"，请保证回头是爱。如果没有回头是爱，回头便爱得自觉自知，那还是别回头了吧。

第八节

婚姻幸福哪能单靠刺激

苏月月这几天心情绝佳,走路都哼着歌。她先生万江更是每天亲自来接送,从万江眼中就能读出温柔尽显,无限顺从,而苏月月也毫无顾忌地秀幸福,仿佛回到了新婚期。

午休间隙,在众同事的追问之下,苏月月才道出了所谓的幸福"秘诀",不过就是拿离婚刺激了一下先生而已。众同事未免失望,这也不是什么秘诀,算是婚内之人都秘而不宣的小伎俩,顶多算得上小情趣。

万江踏实肯干,就是话少,在平常生活中不屑甜言蜜语。结婚后就更是有一说一了,苏月月就常哀叹,走进婚姻就是跳进枯燥。没想到感叹了几次没意思后,她想了这个渣招。同事们失望

幸福女人读婚姻

之余,也都是善意地调笑,随后就劝她,这招可不能常用,常用就和"狼来了"差不多。苏月月不置可否。

可是没想到一段时间后,却传出苏月月和万江在闹离婚,不久前的恩爱如此之快就成了昨日黄花,只让人唏嘘。而且更让人惊讶的是离婚竟然是万江提出来的。

很快,大家都知道了事情的大概,原来苏月月在一次次拿离婚刺激万江,尝到"甜头"后,竟然屡试不爽。后来真的演变成了"狼来了"的故事。其实,万江本不是讨巧之人,不善言辞,对苏月月倒是一片丹心。刚听闻苏月月提出离婚时,万江真被吓了一跳,听苏月月诉苦后,就认真反省自己,是否真是为工作而怠慢了苏月月。于是就按苏月月的要求尽力表现,但婚姻里的男人,不再年轻,忙工作忙生计,没有那么多的精力,再加上性格原因,一段时间后就感觉这婚内和老婆谈恋爱的行为很累。慢慢地就开始懈怠了,接着就厌烦了。

对此最有感觉的是苏月月,一次她感冒,万江因工作忙,只给她准备了感冒药就匆匆上班去了,又连夜加班。苏月月难受加生气,她再次玩了刺激戏码。她先说万江对她不重视,接着心灰意冷地说如若自己生了重病,只求万江能善待她。说得她就像得了绝症而万江弃她不顾一样。万江震惊之余,选择悉心照顾她。本来一切都相安无事,可是这次婚变的起因是,苏月月某次很真诚地说如果万江有了外遇,请告诉她,她绝不纠缠。

听起来很无厘头,这刺激已经变质了,明明是防患于未然,想要万江表忠心的，万江也心知肚明。但谁也没有想到，苏月月拿来刺激万江的事一次次比离婚那次的震撼性小，但万江却要离婚？

有人会说这样的男人矫情了，谁都看得出来女人是装的。装，那还不是想要被温柔对待？没错，想要在婚姻里享受幸福，想被温柔对待，但谁都没有看到男人的尽心付出，而女人却只付出了刺激的手段。

帮忙调解他俩之间关系的朋友听到了万江的真心话，万江说，他感到不被信任，他真心真诚地一步步按照苏月月的要求来，但却感觉苏月月的要求永无止境，他对婚姻的忠心从来都没有被她看到，如今还怀疑他的品质。这些行为直接伤了他这个满腔热爱婚姻的好男人的自尊心。

现实中这样的婚姻很多，虽然真到了离婚地步的不多。其实，每个女人在琐碎平凡的婚姻里，都希望男人对自己像在恋爱时一样好。但现实是，婚姻不可能像恋爱一样轻松，婚姻有着不可推卸的现实责任和义务，女人和男人一样需要为生计、家庭、工作、房子、各种关系去奔波，未免疲累。尤其是女人，本来就是感性的，如果男人粗心，对她少了关怀关注，就会觉得委屈和不甘。但要拿这些来要求男人一辈子对她俯首帖耳，恭迎谦送，却有失公允。

女人偶尔对男人发个小脾气，甚至吵一架都有情可原，当然，有心计的女人会小小地耍个手段刺激一下男人，让他紧张一

幸福女人读婚姻

下自己，吃个小醋都未尝不可，这是婚姻里的情趣，但情趣也有底线，过线，就不好玩了。

说白了，婚姻里的女人要点小手段来让先生更爱自己没有错，但如果一味地唠烦男人心里本就知道的事就是蠢，男人情商低，但也不傻，某些时候，傻傻地听女人的话，多半是出于爱，要不就是出于信任，鲜少计较和细究，这是值得珍惜的一种情感。如果女人不满足，更要贪恋而奢，要男人身心的给予，还要言语上的不断表示，那不但强人所难，婚姻甜蜜度还会快速变质。

世界上的任何事物，遇刺激，应激反应多向正能量，但刺激过多，只会走向萎靡。婚姻也不例外，甚至更加脆弱。

婚姻的幸福是两个人共同付出，共同创造才得来的。如果一方一味要求对方对自己好，如若不好，就找事刺激他，或拿刺激试探他，只会让对方觉得倦累，觉得你自私自我，若拿自身福祸来刺激，更会让对方感受到人格被亵渎。最终导致对方怀疑婚姻的可靠性、可行性。

婚姻平淡，刺激一下也正常，但想单靠刺激来长久激起对方对自己的重视和爱，却是愚人之举，聪明的女人都不这么做。

不过，好在本文的女主角苏月月也算聪明的女人，会三省自身，在听闻万江的心里话后，马上浪子回头，她是个很自知的女人，明白自己做得过线了，贪恋了，而且过于着急了。即使想要得到更多的爱也要慢慢来，而且要对万江的爱有所回应。

婚姻里一方不放手且真心悔过，另一方就有回头的可能，何况苏月月做的可是很多女人都做不到的事。听说在万江冷淡的态度中，苏月月坚持不懈地对万江好，而且苏月月特别坚信他们之间的爱情未泯，也自信能用自己的爱再次挽回万江的心。相信苏月月已经明白幸福不能单靠刺激的道理。也相信在苏月月的努力之下，他们定会幸福相伴。

好婚姻
没有公平输赢

第四章

　　没有哪个人的婚姻生活平顺安遂,无一丝波澜。婚姻里不能总是自我安慰,但也不能只会自我欣赏。婚姻里有很多不平、不甘、不服和不公,有诸多失望、猜忌、怨责和无奈。选择忍耐还是放弃,选择守护还是争吵,都是一个磨心的过程。过好婚姻生活是个技术活儿,千般滋味若自省,一缕阴霾请自干。

第一节

别在婚姻里独自"装高尚"

视频里的表妹已经哭诉了一个多小时,这一个多小时里都是她在说,我连插话劝解她的机会都没有。

但是我越听越觉得不对劲,譬如她说了引发她诉说全部委屈的导火索事件,就是前一天她陪先生去买衣服,先生太挑剔,大小商场转悠个遍都没有看得上眼的,她硬是穿着高跟鞋忍着脚疼陪先生逛了一天,可逛到天黑也没有买到先生满意的衣服。他们回到家,她累得腰酸背痛脚抽筋,饭都不想吃,还坚持给先生做了顿饭。晚上她觉得极其委屈,难受地哭了一夜,而先生却呼呼大睡,愣是没发现。

要是仔细扒,他们的婚姻生活里这样的事多了,而件件她都

幸福女人读婚姻

觉得自己受尽委屈,她也受够了,所以现在考虑离婚。

这还了得,离婚可是大事,我赶紧找她先生侧面了解情况,结果她先生是一头雾水,意思是他俩好好的啊。就是表妹最近追几部热播剧追得紧,动不动就被剧情感动哭了,这段时间更是追剧看到深夜,干脆睡在客厅里。

我马上明白怎么回事了,表妹的委屈是真的,但只是她一个人的。她所有委屈的源头都有她先生的参与,但后续是,她先生早把这事忘得一干二净了,而表妹却以为他在装糊涂,要不就是对她爱得不够深。

她都表现得很明显了,如哭泣、吃饭少、说话少,甚至对他爱搭不理,他还发现不了?我听得直想笑,原来表妹在我和她先生面前是两种表现,在我面前她委屈满怀,不能自已。在先生跟前她装强,做宽容豁达的女人。我一时不知道怎么安慰她。

她只是期待先生能自个儿体会出,在他们如此和谐的美好生活背后,是她多大的隐忍和付出。可我只想告诉她,别在婚姻生活里独自"装高尚"。男人大多时候很粗心,情商不高,你的"高尚"他看不见,那么你的委屈就如哑巴吃黄连。

其实,很多在婚姻里摸爬滚打多年的女人,若让她无所顾忌地畅所欲言婚姻琐事,十个有八个能说出一把辛酸泪,而在这些过程中,女人都自觉并自认为自己具有大度宽容、贤惠讲理、同时隐忍有加等这些高尚的优点。不同的是,这些女人之所以还能把如此"心酸"的婚姻过下去。是因为她们中大部分人无论如何都会让自己的先生知道，家里之所以安宁，之所以某些矛盾麻烦事得以平顺，都是因为她们发挥了自己的优点，事情才得以转机。

听起来有点抓住小事就显摆居功的意味，这些小心机显然很上不得台面，但在婚姻生活里并不龌龊。关于这点，我曾亲耳听见一个女同事说，在婚姻生活中她的每一次委曲求全，都必须找机会向先生说一遍，否则睡不着觉。并戏言，这才是同甘共苦。

听起来挺自私，但不能否认现实生活中，这样的婚姻更透明、幸福和长久。彼此知道对方的辛苦和付出，才会理解、包容和感恩。而隐忍，看似行为高尚，实则像是自虐，而且时间长了，不免产生委屈、怨责、猜忌和不信任。

试想，女人做了一件对婆家和先生都很好的事，给他们带来了实质的好处和利益，但没有被发现，女人企图通过某些蛛丝马迹想让先生自己发现后对她感激涕零，这样的概率会不会太小？

现实生活又不是电视剧，会翻根追溯。现实是，时间长了人就会忘记，何况男人有几个是剔透的。你不说，让他自个儿知道的机会就十分渺茫。

或者女人会这么想，这次他没发现，算了，还有下次。这样不求回报的次数多了，男人终究会发现她的好。但其实这是独自玩高尚的女人自己想出来的。她忽略了一个问题，这样的次数多了，女人就高尚不起来了。

你过生日，想要生日礼物他没买；你过节给他父母买衣服，

幸福女人读婚姻

而他却没有给你父母一个祝福的电话;周末你任劳任怨地想做顿美食时,他却抽空想去和朋友唱个歌;你为小姑子和她男朋友家里闹矛盾的问题跑断腿磨破嘴的时候,他却怨你整天在外面跑不打理家务。

关键是做这些事情的女人,她的内心明明是气愤得想要爆发,表面却要假装平静,还要更加努力地干活、工作,以期待他自行反省。可他要神经大条发现不了呢?这时,这样的女人是高尚还是悲哀?

另外,要是女人一直这样觉得自己很"高尚",心甘情愿这样默默付出,特别愿意过这样的生活,自我享受自得其乐,也就算了。但凡女人不想这样下去了,企图让男人看见并感怀自己,那么我觉得还是不要装了,他看不见感觉不到,你告诉他不就完了。下雨你告诉他,让他接你回家;生日你告诉他,你想要玫瑰;如果他和你商量,那很好;如果他吃惊,让他慢慢适应;如果他拒绝,你再考虑后半生你是否继续"高尚"地付出。

但如果你想继续装高尚,又不想自己说出来让他知道,而他又没有高情商自己猜出来,你又没有聪明才智让他猜出来,也没有考虑过离开他,那么,你有委屈,就自个儿受着。

可是,如果你还珍视目前的婚姻,那就先把自己爱"装高尚"的行为改了吧。婚姻说到底是两个人的事,改变习惯也不是多么伤自尊的事,要相信,若改了,那么你好,他也好。

第二节

在"相爱"和"安生"之间只缺一个逻辑

晓雯和凯瑞谈了3年恋爱终于结婚了,朋友们都认为他们的婚姻是最佳组合,因为晓雯的长相和工作都很普通,但她家境富裕,而凯瑞没有工作,家境不如晓雯家,可凯瑞人长得帅,个子又高,也有头脑做生意,这样互补的组合也不错。

有些人说晓雯命好运气好,竟然能嫁给凯瑞这样英俊帅气又有头脑的男人,这让晓雯觉得心里不舒服,好像是她高攀了凯瑞似的。要知道她家境好这一点一直是她觉得能和凯瑞相配的资本。

现在却被人不屑。于是晓雯重塑自己的方法是处处让人知道

读女幸
婚人福
姻

自己现在跟凯瑞结婚其实很委屈,每当这个时候,晓雯就强调,凯瑞家境不好,需要他们白手奋斗;凯瑞性格不好,有时急躁冲动;凯瑞还是大男子主义,不干家务。她还幽怨地说:"那时真是年轻,不知道怎么就鬼迷心窍被他哄骗了。"一副下嫁的不甘模样。

知情人都知道当年是晓雯主动追凯瑞的,而且到现在看来都很爱凯瑞。一次,晓雯夫妻俩和朋友们吃饭,晓雯又说起自己的婚姻,因为自己不顾家人反对一意孤行嫁给了凯瑞,结果生活变成现在这个样子:住着小房子,车子是二手的小面包车,无存款还欠债,现实无奈,前途无望。

此时凯瑞生意正处于低谷,几单生意都做得不尽人意,大有破产的迹象,对家庭心生愧疚,因此面对晓雯的冷言冷语、讥讽打击,凯瑞言语行事上处处容让着晓雯。

其实小雯是挺满意凯瑞对她的低姿态的,一脸怨悔中,还夹杂着傲娇,很是惹人讨厌。同桌吃饭的一位朋友性格直率,实在忍不住了就问她:"你的意思是说非常后悔和凯瑞结婚,现在发现根本不爱他?"晓雯很尴尬,赶紧说:"也不是。"

那位朋友没有容晓雯多解释,就直接对晓雯说:"我觉得你需要做一道测试题。那样你就会安生了。"朋友用了"安生"这个词,也并不理会其余几个人的惊讶和晓雯的尴尬。

朋友说:"首先你先回答我一个问题,依你自身的条件,你感觉选择结婚对象时,对方的身高长相、工作学历、家境收入这些方面，哪一个方面最重要？"晓雯想当然回答："家境收入。"

"那么，以你的家庭条件，在认识凯瑞之前没有遇到家境好收入不错的男人吗？""谁说没有？"晓雯急不可耐地纠正。

朋友反问："既然你看中这一点，为什么不嫁给那些男人，反而选择家境不好，收入不佳的凯瑞呢？"这话把晓雯问住了。

朋友接着说："只说明一点，即使那些收入高、家境好，甚至是学历高、工作好的男人都没有让你动心，也许那些的好加起来还会庸俗很多，而凯瑞什么都没有，但总有一点让你觉得他比那些男人的许多好加起来还要光彩夺目，还让你动心，所以在你了解了3年知晓凯瑞所有的根底后还要坚持嫁给他。"其实大家都知晓晓雯是看上了凯瑞的英俊外貌和聪明头脑。

晓雯不屑地说："什么光彩夺目啊。"朋友又直接说："这么说他哪方面都不好你还嫁给他，你傻啊。"晓雯脸上有些挂不住，但还是坚持说："也就是那时他对我好。"

"依据你的家庭条件，想对你好的男人肯定能排成一排，你不是说遇见凯瑞之前，遇到过不少条件不错的男人吗？我想他们肯定都争着对你好，说不定比凯瑞对你更好。所以，对你好，不是理由。"晓雯难堪无语。

幸福女人读婚姻

"如果你到现在还不安生,觉得和凯瑞在一起生活难过之极,或者委屈之极,现在不晚啊,你完全有权利选择你的新生活。"朋友语气真诚得让人不容怀疑其用心。

这位朋友一向直率犀利,要换个人,这样说话肯定会被诟病,都说劝和不劝分,哪有这样开导人的。直把人的谎言逼得无路可走。但这位朋友的话,也让人心里感到痛快。磨叽又虚伪的女人,就该有人给点教育。

晓雯当然不会重新选择的,她比谁都明白,在她婚前,凯瑞是她遇见的条件最好的男人。她马上纠正自己说,凯瑞其实优点还是很多的,自己会慢慢去适应他。最后以自己无事瞎发牢骚而已,嗯哈着将这个话题忽略过去了。

逻辑真强大。逻辑能让人面对真实。

其实在爱情里,选择自己觉得最好的伴侣,待婚姻成型,在一起生活之后觉得不怎么样,就后悔、埋怨,觉得自己亏了,就想让对方从另一方面补偿自己,是最不明智的做法。就像晓雯一样在心里觉得这是最好的而嘴上却反其道而行,只企图让对方愧疚而对你更好,这种方法最愚蠢。

如果某天男人明白过来发觉她行动之下的心机,噢,原来女人是这么愚弄自己的,肯定会气恼。即使不明白,时间久了也会厌烦。哪个男人会容忍整天把自己踩在脚下的女人?如果那样,定会怀疑这份爱情。

如果还不自知挑战了对方的底线,到时候后悔的就是自己,如果能考虑到这些，真爱就请心口如一，别得了便宜还卖乖，还是安生地相爱吧。

无所图就无所爱，有所图，就安生爱。

第三节

别沦落到在婚姻里"耗"

一场聚会,女人们各种闲聊关于婚姻之事,有人晒甜蜜,有人秀幸福,更有隐喻者,"损"婚姻。

开始的话题是揶揄诸如"婚姻也是把杀猪刀"之类,接着就开始长吁短叹女人在婚姻里的疲累,特别是米莉,表现得最明显,她毫不避讳她对先生事业成功后的不满,她感觉先生对她不如从前好,甚至怀疑先生有外遇,但最后还是很坚定地表示,不管先生折腾成什么样,她都不会让他意愿得逞,就是耗,也要把他耗成不中看的老头子。没想到米莉的话竟然得到了在场大部分女人的赞同。

米莉的婚姻大家都有耳闻,她样貌、工作都不错,嫁得也很好，只是婚后有了孩子做了全职家庭主妇，前段时间听说最近两年和先生关系不好，闹过两次离婚。

看米莉现在的状况是婚没离，但她打算在婚姻里耗着过完下半生。听着挺让人震惊的。

根据这个小聚会里女人们对这个问题的认同度，看似婚姻里若真遇上此等问题，如男人出轨了，提出离婚了等，某些女人就会这么干：坚决不分手，现代陈世美，耗不死你！

但再看赞同这一个看法的女人的比率就可想而知，有米莉同等想法的女人不少。真让人为耗婚姻的这些女人着急。大家都没计划，没规划，就这么耗，能成功吗？

先不说此类女人的男人在婚姻里有没有外遇，就女人这个态度，就能把男人吓得想逃离"围城"。

暂不说男人有没有嫌弃糟糠之心，女人做这样一个决定，首先就把自己放置在一个无关重要的位置，那就是：我就不说了，反正我的一生已经这样了。现在的主要问题是只要男人一有异心异动，就死盯他的觊觎之心，哪怕荒废自己也在所不惜。

女人如果自贱成这样，就是一记推手，直接就让男人毫无负担和愧疚之心出轨不是？何况在婚姻里，如果一方真铁了心想要分开，符合法律法规的方法也有很多。所以，死盯是傻活儿，死耗是傻干，没用。

首先，对女人来说，就算在婚姻生活里耗，也是一项浩大的工程，它需要有体力和强大的心理承受力，甚至物力、财力。

读婚姻 女人 幸福

比如事实真如自己猜测的那样,男人有异欲之心,不管你是盯人还是跟踪,你都得有个好身体;或者碰上让你辣眼睛又万不能声张的情况,你不得有个激愤满怀而又能保证愤而不发只待时机的强大心脏?或者你找个私家侦探什么的,没有经济基础那不是奢望吗?

如没有这些作支撑,那耗到头,除了拥有婚姻的外壳也就只剩一把年纪了。

再说,"耗"本身就是个没有生命力的字眼,表示没有据理力争,没有包括智慧的行动力和技巧,更没有女性魅力的体现。那耗到最后肯定是没有幸福可言的结局。

有女人肯定会说,我牺牲事业,为孩子为家庭,现在青春流逝,男人事业有成,就想甩掉自己,没有那么便宜的事,所以就要在婚姻里耗他。那我只想问,你拿什么耗他?

青春、事业、美貌你都没有,难道就拿一颗坚韧不拔的"钉子户"之决心吗?更没用。人家可以不犯重婚罪啊,他可以人在外,心在外,床给你空下,把你养着。这才是心灵的折磨,你不沧桑谁沧桑。

女人走到这一步,当然不免要一番悔不当初,如果当初不放弃事业,如果不多生一个孩子等。这就是能耗得起的筹码了吗?未必。

一个女性朋友,是个小学老师,她貌相一般,性情良善。在大儿子10岁、小儿子6岁时,丈夫出轨了,从此她性情大变,丈夫要离婚，她死活不离。理由是，在丈夫是穷小子的时候，家境富裕的她没嫌弃他，和他同甘共苦走到如今丈夫的事业盛起，凭什么就放他给别的女人，去人间纵马，风流潇洒？她认为只要她坚决不离婚，他就永远是她的，名分上是，也是尊严。

但10年过去了，她仍在这个问题上坚韧地纠缠，她拒绝了丈夫的几十次谈判条件，连丈夫给孩子的抚养费她也不要，不允许丈夫探望孩子，甚至有时像祥林嫂般地向人控诉丈夫的"恶劣"行为。

她艰难隐忍的10年换来的是什么呢？她瘦弱而苍老，没有同龄女人脸上的安详宁心之气，甚至有些丑陋市井，她的心被仇恨、愤然、报复填补得没有宁心静气的空间，面由心生的结果是，她看起来焦虑而神经质，不安全。

孩子与她并不亲近。大儿子自暴自弃，高中辍学去流浪社会了，小儿子自卑而自闭。而丈夫也疲累了，不再和她交涉离婚之事了，给了她一个原配的名声，自顾过自己的小日子去了。

是不是很嘲讽，但真实的事实是，女人想要的是爱情。可凭着自认为的执着之心耗到最后，连爱情的渣看起来都可悲。

身边的一个事业成功的女人，婚后生完孩子选择放弃事业做了全职家庭主妇，她每天的生活简单到就买菜做饭照顾孩子，而她先生从普通职员到自己开公司当老总，事业如日中天，但她的婚姻却稳固幸福，还被当地电视台报道，当记者问起她的生活状

幸福女人读婚姻

态,她的回答只是保证她先生回家能看到窗明几净,家庭孩子有秩序而已。当她被问是否后悔放弃事业,她表示,全职主妇是她心甘情愿的选择,如果有一天她觉得这样的日子不顺心,也随时可以在责任平衡的基础上重新选择事业和婚姻。

她和选择在婚姻里耗的女人一比,前者完全掌握着婚姻的主动权,而后者是消极地拿自己的后半生赌侥幸。

但同时也说明了一个问题,掌握婚姻的主动权,就什么都是自己说了算。那掌握婚姻主动权的前提是什么呢?有女人坚定地说,第一是事业。万一有一天男人不负责任了,女人有事业、有工作、有收入,就有了立身之本,有这些立身之本就有自信,也不会把婚姻当成唯一的稻草。第二是能力。有技术、有专长,就有了立身之技,什么时候也不愁找不到更好的归宿。但那些事业成功的女人,离婚的不也比比皆是。所以这些答案都不全对。

有事业、有技能,婚姻里出现了问题,不爱了,婚姻仍不会解体吗?当然不是,拿事业来衡量自己的价值和存在感很重要,它会让人变得视野开阔,处事明朗,但在婚姻里事业终究不是最重要的。最重要的是,女人在婚姻里放弃了自己,把自己装进了一个自卑自私、多疑不自信、不豁达没气度的黑匣子里。这才让一个好好的、明丽的、有才貌、有学历的现代女人沦落到打算在婚姻里"耗"着去抓着男人,来稳固婚姻。

没有男人喜欢整天无所事事,只会怀疑、唠叨、牺牲自我、爱吐槽诉苦,死盯着自己的女人。但笑笑就是这么一个女人,笑笑笑人如其人，年轻漂亮，明媚如光，但她崇尚爱情只会一味地全心付出，所以一结婚她就窝在家里了，每天家务孩子，研究韩剧羹汤，她的世界只有先生一人。开始的生活美好得蜜里调油，可好景不长，她发现先生不似从前那般对她，语气里还有嫌弃烦躁之意。

不久她就发现，先生的微信里有个女人和先生联系频繁，先生并没有瞒着她，但和那女人的言来语往中，先生明显眼睛发亮。

笑笑一开始的愤怒也是带着锋芒的，"哼，小三，我让你笑着来，趴着走。"这是所有正室的资本。同时对先生也充满怨愤，"哼，想美事，看我怎么在婚姻里耗你。最后，看谁哭。"

不过不久之后哭的却是笑笑。她还没对先生微信里的女人怎么样呢，就先对先生日渐的冷淡受不了了。自尊和自爱不允许她对先生屈服和讨好。

思量之后，她愤然自立。开始工作，不是缺钱，而是想寻找自己的空间和生活，她觉得自己需要重新思考人生，定位爱情。那么这一切，都需要她有个更明亮的平台和自我，而不是日日为不在乎自己的人做什么羹汤。

笑笑是有学历和专长的女人，她马上就明媚如初了。因为有婚姻经历，她努力而有目标，事业上了一个台阶，她忽然不太在意老公和那个女人的暧昧联系了。如果他继续如此，就随他去，既然想负她，早晚会负。如果发现她的好，不负她，她也不拒，

幸福女人读婚姻

不过选择权在她手里。

所以,婚姻里另一半对你不好了,不在意你了,和他的事业成功与否关系不大,和女人有没有事业关系也不大,最关键的是女人是否放弃了自己。其实,女人只要努力做自己,正能量地生活,忠诚自己所选择的方向积极生活,有意义的事情做都做不完。有自己的世界和生活目标的女人,散发出的美自己看不见,但有人能看见,那时肯定有男人想耗上自己也去爱你,何苦把自己沦落在婚姻里"耗"男人。

第四节

爱要什么证明

和朋友聚会时,凯莉还在织毛衣,她要在圣诞节前将这件毛衣织好。她之前从来没有编织过毛衣,也对手工活不感兴趣。10天前,心血来潮,要为先生手工编织一件从杂志上看到的一款花形繁杂的毛衣,短短10天时间,她要让没有任何编织经验的自己挑战不可能,来证明自己对先生的爱。

"爱能战胜一切。"她自信地说。我心戚戚,在她编织毛衣的过程中要经历手生、速度慢、不熟练出错、出错了返工,还有式样在心中无形,以及针数花形编排上可能出现的问题,到最后编织成了,因为是惊喜,提前不能让先生看见和试衣,因此,大小肥瘦又是最后的考量。当然,对于熟手来说,这些都不是问

幸福女人读婚姻

题,但对凯莉来说还真是问题。

现实是,她正经历着这些:娇嫩的手指因握毛线不当,被毛线磨得生疼,手指头被针尖顶得破皮红肿,编织的过程又不时地出差错,马上就到圣诞节了,这件爱的毛衣才编织了一半,她又气又急。圣诞节之前凯莉靠自己肯定是不能完工了。

"我怎么向先生交代?"她都要哭了。因为她的大话说在前面了,她对先生豪气地说:"因为我爱你,我就能做到。"现在竟然做不到,那不就是证明自己不爱先生吗?

这个问题放在一定的逻辑里真是有些难解,10天是能手工编织成一件成年男人的毛衣的,那要看什么情况。

对于熟手,对于性急而又特别勤奋的女人,或者先做后说的恋人或夫妻,这件毛衣在短时间内展现在她爱人的面前肯定是惊喜。那对于生手来说,这件事的成功就不仅仅是惊喜,更是感动了。想想那个过程就足够让人心疼,无论男人还是女人,闭着眼睛都能想象得到,小女友是怀着怎样的心情,经受了怎样的历程,被巨大热烈的爱他之心鼓舞着,完成这项浩大工程的。若没有对他强大的爱意,这件事就难以办到。更别说是凯莉这般连毛衣针都没有拿过的人,那就是内心震撼了。这样的效果就是凯莉满心期待的。凯莉兴冲冲地放了大话,可她竟然没办到。

有人会不会这么猜测,这中间她不是偷懒了,要不就是心不在焉了,或者经受不住做这件事时中间的困难考验。有这样猜测的人可能还包括她先生。那照此推理下去，往后漫长的人生，他们的爱情和婚姻肯定会经历比编织毛衣更艰难的事，到时候她会逃避、拖延、怯懦，还是会找理由呢？凯莉焦虑着，假如先生这么想，她们的婚姻会不会出现嫌隙呢？

可凯莉在这件事上并没有偷懒，反而勤奋得像只小蜜蜂，没有实现诺言是有很多客观原因。现实中她爱先生爱得热烈，如果事情走向逻辑推理的那个结果，就太不公平了。

可谁又确定男人不会这么想呢？因为原本男人无所谓这件事，女人非要自作主张地在本来平常不过的小事前加上一个期限和意义。这个意义就是：做到就是爱你，爱你就能做到。如此一来，这件小事就变得不平凡了，有着庄严的仪式感了。

这种仪式感是女人设立的。未完成，如果她有所谓，这就会成为她心里的一个小疙瘩，从此他还会信任自己吗？他会怀疑自己对他的爱吗？自己从此会觉得愧疚吗？他的心里有没有小遗憾呢？

无数的猜忌、怀疑、不确信。我想这就是凯莉又气又急的原因。我很想告诉凯莉，别织了，既然来聚会就和朋友们好好玩吧。那件毛衣有什么大不了，他要是因为你拿心血来潮小女孩般的一句话，就不认为你是可爱的，而是把它当成非要实现证明爱情的诺言，就别爱他了。他心胸狭窄，只爱自己，还大男子主义。

难道你无意对他说：我对你的爱深不见底。你就跳进无底深

幸福女人读婚姻

渊来证明吗？爱情需要什么证明。如果把爱情绑定在一件无意义的小事上，框定了时间和意思，那更没有必要，只会徒增自己的心理负担，只会给本来正常自然的情感加上禁锢而已。还会暗示引领对方走上爱情歧途。

既然之前都能在婚姻里恩爱有加，若那一件毛衣就让婚姻走向裂变，那这个婚姻本身就是有问题的，双方的感情也是不牢固的。

另外，要把爱情寄托在一个小物件上，拿一件毛衣或别的东西来证明爱与被爱，岂不是很可笑。至少说明一点，凯莉对来自先生的爱是不确信的。

爱不爱对方，感觉在你心里，不用拿东西当介质。再说，10天织成一件毛衣就能保证两人的爱情坚贞不渝，在婚姻里就能白头偕老吗？没有人可以回答。

只想告诉凯莉这样的女孩，如果爱，就说你爱他，想做什么，做就是了，自然地做你想对他做的任何想要表达爱的事。时间肯定来得及，只要你心甘情愿。但别界定，别证明。那样的爱会变味，因为某些时候当你觉得你说的话、做的事证明不了什么的时候，说不定你会恨自己，也恨爱人。

想起一位女性朋友，她保存了一枚一元的硬币10年，然而有一次她先生收拾柜子的时候发现了，就把那枚硬币花了。结果，她和先生吵了一架，还差点离婚。最后她先生了解到这一枚硬币是她的初恋送给她的，就说了一句话："如果他一直陪在你身边,这枚硬币就是爱。如果没有,它只是钱。"

　　所以说,是爱给予了事和物的意义,没有爱,事物只是事物,什么也证明不了。

第五节

做饭这等小事

新婚伊始,丁健和刘雨就因为谁做饭的问题闹了好几回,因为结婚前两个人都是不做饭和不会做饭的人,特别是刘雨,被父母当掌上明珠宠爱着,更是连个水煮蛋都不知道怎么做。

两人结婚后,饭店一顿,叫外卖一顿,但这也不是常事,于是,为实现对娇妻呵护一生的爱的承诺,丁健勉为其难地下厨操作,结果他满头大汗端出成果上桌后却被刘雨批评得一无是处,开始丁健还故作谦虚,态度不屈不挠地说:"下次改进。""一定精进厨艺,让老婆大人满意。"但时间长了,本来就对做饭没有兴趣和耐心的丁健也烦了,自己的付出得不到刘雨一丁点儿肯定的回馈,干脆就不再下厨,对刘雨挑剔他做的饭菜的态度,他的回应也慢慢淡漠，有时还会回敬刘雨道："刘雨，你做两回试试啊，我绝不挑剔，做得再难吃我也表示感谢。"

刘雨一看丁健对她的态度，先是气得跳脚，拿出丁健之前对她的承诺"她只负责貌美如花"的话来激他，丁健反驳道，刘雨也说过如何爱他，如何在婚后努力做个贤妻良母，可现在连一顿饭都不愿意做。两个人你来我往互怼的次数多了，不禁就都气恼地怀疑自己的婚姻质量。

但让两人关系陷入僵局的是另一件事，星期天两人到丁健父母家吃饭，刚好家里来了客人，看着在厨房忙碌的二老，丁健几次示意让刘雨去帮忙，刘雨却视而不见，饭后丁健当着客人的面催促刘雨去洗碗，刘雨看丁健的颜色不好看，才磨磨蹭蹭地到厨房胡乱地把碗筷过了一遍水，清洗的结果可想而知。为此丁健爆发了结婚以来第一次大脾气，刘雨却委屈地说："我结婚前都没有做过饭洗过碗，凭什么到你家让我做这些？"丁健气得回答："我父母也把我当宝贝养呢，到你家不还是做牛做马。我凭什么做那些？"

两句话把问题升华到了已经不是谁做饭的问题了。可女人要是别扭起来，情商都会变得愚钝，刘雨就属于这类女人，她立刻委屈加气愤，说丁健变了，婚前可不是这样，刚结婚的时候也不是这样，到她家都是任劳任怨，现在她算看透他了，他之前做的一切都是在作秀，有暗黑的心机，就只是为了把她追到并娶到手，然后就过河拆桥。现在丁健的嘴脸才是他的真面目，原来对她和对她家的一切付出都是假的。

幸福女人读婚姻

听起来好像没错,男人有时候会为了娶妻的目的做些身先士卒的事,待婚姻成型,也就懒惰成型了。

但丁健却回答了刘雨四个字:彼此彼此。这是一半气话,一半真话。但把刘雨气得半个月都不搭理他,甚至闹到了双方父母那里,最后还是在父母对丁健的批评教育下对刘雨低头认错才不了了之的。

做饭是婚姻生活中相伴终生而且必须要做的事。而在做饭这件小事上纠结或争吵虽说是正常的事,却是最划不来和不值得的事。

通过丁健和刘雨的事,只能说他们对婚姻里的事认识和态度没有转变过来。是男人和女人在婚前婚后的意识差异还没有同步而已,女人显然慢了几拍。

男人都现实,大部分在婚后持续现实,但女人却需要通过现实中的实事磨砺后才能变得现实。婚姻也一样,有多少对夫妻能践行着婚前的承诺过一辈子?

爱情是美好的,婚姻是现实的,情感也是需要交换共享的,成型的婚姻里就不可能是各管一方,爱情就这样"赤裸裸"的交换才历久弥新的。你给我一点儿星光,我还你一簇火焰,烟火俗世中的婚姻生活,一方不计付出不是只为换取对方一个迷人的微笑或娇媚的眼神,而是要换你拿出和他同类型的举动来让他感受到爱。

第六节

善待婚姻里的小算计

苏丽是一个独立自信的女人,在婚姻里她一直也是自信满满,但最近她常常怀疑自己。觉得自己经营婚姻的方法是否有问题,或者自己对待婚姻的态度错了。

苏丽一直认为的相敬如宾首先要体现在吃饭这件小事上,民以食为天,放到一个家庭里,吃饭是最家常、最能体现家人关系、最能拉近家人距离的事情。相敬如宾就要做到做饭吃饭上互相谦让和包容。

但在苏丽家,就在吃饭这件事情上,却怎么都做不到和谐。因为她和先生口味的严重不同,她认为硬让对方迁就自己,对先生是一种不尊重,于是她便经常做两种口味的饭菜,因为她觉得

幸福女人读婚姻

只要各自工作完到家里能吃上舒心可口的饭菜就是最大的幸福。

可最近，先生对她的这种做法却有些微词。某天，苏丽先生烦躁地说："一家人，饭都吃不到一个锅里。"苏丽听后觉得既委屈又生气，她这么做还不是为了迁就他的口味，她给先生做的饭菜可比给自己做的精心多了。

苏丽伤心，可先生好像更生气，他说他发现苏丽不把他当回事，甚至根本感觉不到她的爱。苏丽听到这话，有些哭笑不得，心想，她都已经做到这样了，先生却认为她不爱他，不爱他还专门为他洗手作羹汤。

苏丽是理性的人，先生这么说，她虽然不太理解，但还是在心里做了思考，先生之所以这么说也有他的原因。那就是，苏丽太把先生当回事了，结婚了连口味上都惯着他让他保持原样，连她有时候也勉为其难地将就吃先生那种超辣口味的菜，可先生一点儿也不吃她每道都加糖的菜。她这样惯的结果是让先生产生了"她理应如此做"的错觉了。同时，得了便宜还卖乖地认为，她不和他吃一样的饭菜是不爱他的表现。

苏丽一经自我检讨，事情自此急转弯：苏丽决定从此不惯先生了。就做一种口味的饭菜，她想怎么做就怎么做，先生爱吃不吃。先生这时反倒很少挑剔了，即使不合口味，也嘟囔着吃下去。不仅如此，苏丽还感觉到先生对她似乎比以前好了。

事情发展得和苏丽的设想有偏差，她以为会和先生有一段时间的冷战呢，没想到先生乖乖地就投降了。为解心中疑惑，她转弯抹角套出了先生的心里话,"我感觉你终于把我当成了自己人"。苏丽无语,她原是拿他当自己人才顾及他的感受,特意做他爱吃的饭菜。这是贱啊,还是算计?

苏丽心里的天平偏向后者。当她发现先生的心眼不是她想象的那样,连吃饭都要算计爱情的深度,苏丽有些寒心。她忽然对婚姻的未来有了不确定。

另一边,苏丽的好友西子有一阵特别推崇"提高离婚成本"的说法。有人开玩笑提醒她:"你先生会赚钱人又帅,要小心看守。"西子一脸神秘地说:"真要有那么一天,我就把孩子都丢给他,让他有拖累,看有多少女人愿意揽他那一摊子。"

西子用这个理由来当婚姻的盾牌,当笑话听听还可以,但真要拿来实际应用,却苍白无力,脆弱如纸。这种做法很冒险。首先,男人带年幼的孩子是有点困难的,但也说不准有女人不怕累赘,看在这个男人的吸引力的分上愿意代劳,毕竟又帅又能干的男人具有极强的吸引力。而对于一个母亲来说,以失去孩子为代价的赌注实在太凶险了。

不知西子的先生是怎么辗转知道了此事,可能西子说的次数有点多了,也可能她真就是这么防患于未然的,西子先生态度冷淡地质问西子:"除了这个,你还算计了什么?"

不得不说,婚姻里人的心思被对方误认为算计也是显见的。毕竟人心大不同,婚姻里强大的信任得需要从小事做起。而西子把这件小事做成了动摇婚姻基础的大事。拿孩子要挟婚姻毕竟有

幸福女人读婚姻

点上不了台面。事情虽然没有到最糟的地步，但从西子的言行可以看出，她的婚姻出现了信任危机。

细究起来，不管是苏丽先生还是西子先生，他们何曾有一点儿对婚姻的背离之心？他们都只不过想在婚姻里确定自己被爱着而已。婚姻里的男女，谁不是每天置身在这样的算计之中？不管是操持各种家庭琐事，还是亲戚朋友的相处，大部分人在心里都有小九九：谁爱谁多一点，谁为家庭付出多一点，谁对对方的父母更好一点儿……婚姻的现实、琐碎在这里，同时它的幸福也在这里。如果两个人毫不相干，他们何必为此而算计？如果不重视对方，又何必在乎谁多爱一点儿？是否能长久的在一起？

每个婚姻都是在想象和希望中性感，在现实和体会里骨感。每个在婚姻里的男女都不是伟大的人，会被猜忌左右，也会被诱惑迷惑。谁心里都有点独属于自己的"小自私"。

婚姻的现实，就是恋爱中优点的放大版变成了婚姻里缺点的显现版。恋爱中，我们只感受到对方的贴心、细腻和两个人的惺惺相惜；结婚后，我们偏偏除了对方的冷漠、忙碌和彼此的小缺点，什么也看不见。其实，在婚后，失望或惊愕、矛盾和争吵，甚至小欺骗和小算计都是正常的，就像人体为了战胜细菌侵入而出现的发热现象一样，是一种自我保护的不自觉行为。反之，如果婚姻惯有的那些所谓的陋习一显现，就会影响婚姻的稳定性，那么爱情中善意的谎言、欲拒还迎的小把戏、欲擒故纵的小策略不都成了爱情的阴谋了吗？

婚姻里的小算计，说的不好听，是心计，是挑剔；可要宽容一些看待，那不就是在用心经营吗？两个人的婚姻就像冬天里的一条羊绒线围巾，好好的围在脖子上，展示的是温暖；偶尔动下小心思披在肩上，又成了一款时尚的披肩。只要是，款式不土，颜色不俗，谁能说这不可以呢？

第七节

适当的认输就是赢

大家都知道一句箴言,那就是:婚姻里的事无道理可讲,越讲理越伤情。可有人不信这个邪,偏要讲理。

听朋友讲一个小插曲,她和先生因剪洗衣粉的包装袋,口大口小的问题吵了3天,差点吵离婚了。她的习惯是把洗衣粉袋口剪得不大不小,能自然地倒出来即可。而先生的习惯是随便把洗衣粉的塑料袋撕一个大口子,伸手进去随便抓,他洗一次衣服洗衣粉洒得到处都是。朋友觉得这样做不仅是浪费,还是极其蠢笨的。

对此,她数次提醒先生,但先生坚持己见,她就从经济基础上升到上层建筑教育他,说这样的结果,一是浪费;二是难看;

三是体现一个人的生活态度随便邋遢；四是这个散漫的习惯会直接影响个人事业发展和三观。

她先生一听她就这一个小问题上纲上线的，不由得从最初的无所谓变成恼羞成怒。但也没有回她那句又老又俗的"我这么不好你娶我干吗"，而是跟她讲道理，反驳说对于这等小事，她能有这么"深刻"的认识，只证明：一是她小气；二是她虚伪；三是她有强迫症，需要不断地改造老公才能安生；四是她不识时务，没有经济头脑，爱捡芝麻丢西瓜，在大事上无声响，专在小事上浪费口舌，此人无大才也无大用。

可想而知朋友气愤伤心、暴跳如雷的程度。接下来的一段时间里，这个话题一被提及，他们就吵架，争吵得难分胜负。以至于朋友对这段婚姻几乎失去了信心。

但真面临考虑分手离婚这等事，她才猛然醒悟，自己犯了傻，面对他们辛苦建立起来的婚姻家庭，这件小事根本不值一提，要让婚姻溃于这个"蚁穴"，才是真傻。先生作为为事业忙碌的男人，回家能帮她洗衣服就很不错了，现在还有几个男人不计较她把洗衣机塞满但却不想洗的行为。

于是她马上知错就改，精心准备了一桌饭菜，正式向先生道歉，说这件事是她错了，是她小心眼且古板。也承认先生那么做也是对的，毕竟那是他的习惯，作为妻子，她应该尊重他的习惯。

先生看起来很受用，但接下来她却渐渐发现先生的习惯改变

幸福女人读婚姻

了,先是洗衣服的时候不把洗衣粉洒出来,接着是不再随便撕扯洗衣粉的袋子了。

婚姻里这么一件小事,表面上看似她认错输了,可实际上她赢了。因为她聪明的一次认输,不仅让先生自觉改变了习惯,而且在她心里,觉得先生是站在了她这方。因为没有什么道理能说明她的习惯就是正确的。

于是朋友心里云开日明,直觉得她找到了婚姻保鲜的真谛,那就是适当地认输,比讲大道理更实用。婚姻里有矛盾很正常,如果一定要争个高下,即使赢了,对方也会讪然,时间一长,心也就冷了。

爱人也是凡俗常人,他也会有不甘的心思,比如会心想"你都不会让让我吗?"如果一方得理不饶人"我凭什么让你?"那么婚姻里的战争就会"长盛不衰",而我们庸常的婚姻能经受住这样长期的摧残吗?答案很肯定:不能。

同事小章过了一个节日小长假,本来恩爱如蜜的小夫妻,假期自驾游回来就开始闹离婚。原因竟只是旅途中小章开车的时候,她老婆对他频繁地"指挥"。想来,这也没什么,大多数夫妻开车出去,家人也会关切地提点几句。

可小章说,妻子关心过度,他开车过程中,"快""慢一点""小心,小心""往左"此等话语轮番出现,而且她的紧张和谨慎的语气严重影响了他,他心里也止不住地紧张。关键是在他开错了方向或因为路况不熟悉而绕了远路后,妻子对他的另一种态度"让你听我的你就是不听,现在傻眼了吧。"

一路关心和埋怨轮番上演,小章旅行的愉悦心情大打折扣,只想弃车回家。回来后唉声叹气,"恋爱时怎么就没有了解到老婆有这一特质呢?"话语中毫不掩饰地流露出对爱情的失望之情,让人不自觉地认为他现在已经对老婆的爱减少了不止一二分。

这件事直接验证了一句话,他(她)爱不爱你,旅行一次就知道,但也不尽然。对于同样之事,我的另一位女同事则聪明得多,她的先生脾气还没有小章温和,特别固执倔强,他们第一次开车旅行时,她先生很有一家之主的威风,他严肃且严谨地奉行家长的责任感,对于旅行的选址、路线、吃住,都一手决定,不让她乱出意见。

这样的大男子主义也真是挺难让人消受的,但女同事就受了。基本上旅途中不言语,有时看着先生绕远路,就建议一下是不是走错了,走另一条路会更好。连说了几次之后,先生就不耐烦了,她就不再说话。

而她先生几次坚持己见走错几次后,也不好意思,她反而大度地说:"就当看风景了。"没想到先生马上做出回应:"当时应该听听你的建议。"女同事立即在心里给自己点了个赞,以退为进的策略,效果果然立竿见影。

婚姻成型,就不再有那么多的浪漫和甜言蜜语,在日常的婚姻里,真实的个性会逐渐凸显。婚姻里都是小事的累积,所以矛

幸福女人读婚姻

盾和摩擦就不可避免，但如果因为一件小事，就追根究底争论不休，那这婚姻迟早会面临解体。

我们因相爱而结婚，想婚后能更加相爱，直到白头，如果在一件件累积的琐碎小事上争论不休，浪费感情，然后让婚姻不死不活，岂不划不来。所以，小事上的争执，能退则退，适当地退让或认输并不是软弱可欺，也并不是无原则和底线，而是两害相权取其轻，相爱取之道。

当然你的退让，你的认输，要让他知道。然后你还不计前嫌地让他赢了，那么你就等着他给你甜蜜的回报吧。他爱你，就不会让你白让的。

网上有过一个温暖的故事。一对老夫妻，相爱相伴了几十年，他们也有矛盾和吵架的时候，但老头儿总是让着老太太。老太太问："你为什么每次吵架老让着我，有时候明明是我做错了。"老头儿说："因为你是我的，就算我吵赢了，又能怎么样？赢了道理，输了感情，丢了你，我就输了人生的全部。"所以，两个人的世界总要一个人吵着，一个人哄着。一个人赢着，一个人自愿输着。否则，我们真过不了一辈子。

在婚姻里两个人吵架互不相让是真可以无休无止的。见过一对老夫妻，一辈子吵，两个人都个性倔强，从不相让，因为一顿饭放盐少了，或一盘菜里多放了几根香菜都能争吵好几天，而且发展到互不讲话、分居的程度。最后这些小事都不是一方示弱而不提，而是因为有新的小事需要争吵而不了了之。

个人觉得这样的婚姻是自私的,是不优雅和没有情面的。不能向爱人认输,觉得在小事上也要高出爱人一头,这并不是真爱。爱会让人学会容让,会让人学会克制,也会让人自愿认输。在爱里并没有低头就矮半截的感觉。适当地认输不仅是爱情的保鲜剂,还是维系感情的营养品。

试想,爱人都这么大度地容忍自己的错了,自己还拿乔什么。即使他没错,他也认错,那只能证明他爱自己,哄着自己。愿意哄才是爱的体现。

在结婚仪式上一直流行一个段子,婚礼司仪会向新人逗趣,会引诱新郎说两句话:第一,老婆说的都是对的。第二,如不对,请参看第一条。

这当然只是一句玩笑话,但也反映了一个道理,既然这句话能拿到婚礼上"教育人",那肯定是从不计其数的婚姻里被总结沥筛出来的婚姻真谛。虽然夸大,但道理实在,那就是,学会适当地认输和服软,不和妻子计较,婚姻生活就会一片祥和。

事实上,没有人真的会不分青红皂白地坚守这两条"爱情真谛"。但它也像表决心的话一样来证明,因为爱,男人宁愿在妻子面前不大男子主义,愿意认输的态度。

适当地认输也是经营婚姻的一个小技巧和情趣。爱人安心,婚姻安定,那认输就是赢。赢了爱人是小气,赢了人生才大气。

第八节

婚内女人，不会下注就别跟注

朱雀是非常漂亮的女人，不过结婚的对象除了家境好，其他都很一般，大家都说她没有选男人的眼光。她自己也承认，当初对结婚对象的选择条件，就是家境好，人本分，这样将来在婆家不用在金钱上吃苦，就好了。

只不过婚后的日子并不如她所愿，朱雀的先生真的是实打实的靠家境吃饭的，工作得过且过，家里有房产多处，不用工作也不愁吃穿，也没有特别的爱好。和朱雀相好的女友们都是和丈夫们一起打拼建造家庭，她们在一起谈的话题都是工作和生活中的各种酸甜苦辣，在朱雀看来，她们个个的生活都热火朝天，很有意义。相比自己不愁吃穿，但却像一潭死水般的婚姻生活，朱雀只觉得自己和先生在浪费大好时光。

  从此朱雀时时处处提点先生，让先生上班用心，争取上进，要不干脆辞职再上个学，或者投资做点生意，总之要忙起来。先生起初很不理解她，但时间一长，知晓了她的心思，马上不屑，表示自己不想那么累。

  为此，朱雀烦恼的同时没少和先生闹脾气，先生则理直气壮地说："你想多努力，我都支持，你想成为女版马云我也没意见，而且我会尽我所能帮助你，但我不想那样生活，不想，也不必。"同时还宣称他的生活方式属佛系。

  朱雀气得说不出话来，好在她有一帮能开解她的朋友，但其中一个朋友的事深深刺激了她。那位朋友的先生和朱雀的先生差不多一个档次，朋友的先生家里有钱，人也很懒惰，整天无所事事，工作也不好好做，曾经一年内换了4次工作，最后干脆不工作了，朱雀的朋友是个事业型女人，坚决看不惯这样的男人，一气之下就离婚了，而且为了离婚竟然是净身出户的。如今这位朋友事业有成，而且很快遇见了自己心仪的男人，那个男人沉稳英俊，事业也和朋友旗鼓相当。两人忙碌之余就度假，最近两人更是一起在著名的商学院进修，夫妻比翼齐飞，日子简直羡煞旁人。

  那位朋友感慨，如果不是果决地结束了第一段婚姻，自己说不定还在婚姻的泥潭里挣扎苦恼，哪会有如今的海阔天空，更不会遇见如今的丈夫。女人遇见一个好男人真的是打开了一个崭新

幸福女人读婚姻

的新世界。

　　这位朋友的婚姻经历让朱雀对自己的婚姻更加不满,更觉得自己的婚姻是泥潭,扔一颗石头都不会泛起任何涟漪。

　　一次,朱雀下班回家,看见先生已经早早地回家了,竟系着围裙在厨房做饭,他说那天单位没事,他早早就溜回来了,看了会儿电视上的美食节目,就突发奇想地想做饭,他一个从来不做饭的人,竟然异想天开到要做佛跳墙。

　　朱雀不知道哪里来的火气,张口就是一串嘲讽,说先生有那时间还不如看两本书,连焖个米饭都不知道放多少水的人竟然要做佛跳墙,他这样的行为就像说刚出生的婴儿就能讲三国演义一样可笑。给人什么惊喜,别把人吓着了。

　　朱雀语气不佳,语感讽刺,再加上莫名的看不起。先生也毫不留情地和她吵了两句,说她有什么不满意可以直说,不用这么阴阳怪气。本来也就是一件生活中的小事,因朱雀心怀鬼胎,语气不善,不留后路,吵着吵着就把话题吵到了离婚,结果先生来了一句:"离就离。"

　　朱雀愣了几秒钟,明白过来,自己就等着这句话呢。最后在朱雀的坚持之下离婚了。

　　但残酷的事实是,朱雀并没有像她的那位离婚又结婚事业有成的朋友一样,事业成功,爱情幸福。离婚后的朱雀才知道,原来自己是不适合做生意的。她离婚很顺利,并没有净身出户,先生很仗义地把婚后财产给了她一半,朱雀全部拿来投资,却一败涂地，幸好工作还没有丢。

经过一段时间按着自己心意做事的经历，她明白，并不是人人都可以当女强人的，心比天高，未必人人都可以达成意愿，而且不是谁都能承受奋斗的艰辛过程。

此时的朱雀才醒悟过来，婚姻里的女人不会下注千万不要跟注。特别是拿婚姻下注，拿婚姻跟注，这样的赌注很傻、很天真。

她也并没有遇见新的爱情，每天紧张地生活，没有心情谈恋爱，也见过几个男人，不是家庭条件不好，就是个人条件欠佳。这时她才明白，那位离婚的女朋友自己条件就很好，有高的收入，还有高学历，有创业背景，还有风风火火敢闯敢干的个性，她身上本身就具有吸引人的特质，需要的只是更有力的支持。

朱雀反观自己，普通大专，普通工作收入，一直就是小家碧玉型，仅有的就是长相可人。如若不是长相，恐怕前夫也是看不上自己的。前夫人确实不怎么上进，但就如他自己说的那样他崇尚佛性，他学历也高，读书并不少，没有特别爱好，但也没有不良嗜好，家境上乘，事业没有多大成就，但工作尚可，并没有因为家境不缺钱而不工作，只是不需要努力工作而已，而自己却对这样的男人挑三拣四。

前不久她听说前夫又结婚了，而且人家找的对象个人条件极其优越，还是个干练的事业型女人。前夫仍保持原有的个性不变，但听说两人相处得毫无隔阂，他的妻子经常在朋友圈里秀

幸福女人读婚姻

恩爱。

朱雀知道，她把自己的婚姻给毁了。因为不了解自己，盲目听信，在婚姻里不会下注却跟注。婚姻不是赌博，失去了就失去了，能挽回来的机会少之又少。瞎跟注的女人就是在给自己和婚姻找别扭。

记得有一档电视相亲节目上的情感专家说过："做女人要聪明一点儿，不会下注的时候就跟注，机会就会多一点儿。"其实我觉得这句话听起来很有道理，但用在爱情上并无多少道理可言，用在婚姻上就更无道理。在婚姻里玩跟注，若赚了还可以，要是赔了那赔的可就是一辈子的幸福。

所以最好的方式是，女人在不会下注的时候也别跟注，不会下注就不下注，因为成功的机会几乎为零，却要劳神费力，婚姻如果还尚可过就过下去，不可过用你的能力过下去就更显你的本事。我们身边婚姻幸福或不幸福的例子都太多，要都去对比跟着效仿，你能忙得过来吗？即便真的忙得过来也要条件允许才行，即使条件允许你忙得过来，你的情感能适应得过来吗？恐怕你还没适应就精神分裂了。

婚姻生活是自己的，婚姻的质量和冷暖是自己感知的，认清自己，适合自己的婚姻就是幸福的婚姻，与别人无关。

好婚姻
要沉下心气儿

第五章

没有婚姻是完美的，也不是所有的婚后生活都如糖似蜜，一成不变，双方的热情也未必一直炽热如火。婚姻生活，道阻且长，全力以赴不一定是好兆头，一蹶不振更不是好态度，聪明心机也不是惯用的诀窍。忍耐、包容、忠诚、信任，是经营婚姻需要的品质，彼此学习，彼此珍惜，彼此成长，就最好不过。时光练就心性，婚姻练就耐性，愿你自如安世，不负终老。

第一节

闭眼结婚了，就睁眼生活

李丽和先生方岩的婚姻很被人羡慕。方岩工作好，人勤快，长得也帅，家境还不错。不过熟知李丽的人都知道她对此很不屑，总觉得方岩不上进，性格优柔，处事也不决断，没有男子气概。

李丽之所以对方岩的认知一直不改观，究其原因还是因为方岩并不是她当初心仪的那种男人，她喜欢的是那种豪放粗犷不乏开朗幽默，事业和生活都能过得风风火火的男人。她心里有了先入为主的这种观念，方岩即使在外人看来再不错，她也看不见。于是，在这场婚姻里李丽对什么也不上心，整个人的生活就是一种得过且过的状态。

幸福女人读婚姻

当然，李丽的生活态度也影响到了她的日常言行，不满和不甘也会在不经意的闲聊中凸显出来。时间久了，周围的人都知晓了李丽的婚姻不幸福，她对如今的丈夫很不满意。

每当有人询问她当初怎么没有寻找她梦想中的男人时，李丽总是毫不避讳地回答："我找了，但一直都没有合适的。年龄渐渐大了，被人介绍了方岩，别人都说他好，他的各方面也确实是一个适合结婚的对象，于是，我在家人的劝说之下，心一狠，眼一闭，就结婚了。"

是啊，她眼一闭就结婚了，但结婚了不好好生活，这就让人有些看不下去了。有一个豪爽的朋友实在受不了李丽整天梦福不觉的嗟叹，就言辞凌厉地说："凭方岩的个性和外在条件，不知有多少准丈母娘惦记呢。而你的梦想实现起来却有一定的难度，阳刚与柔情并存，智慧与财富兼得的男人，谁不喜欢，但那个人在哪儿呢？即使有那么一个人出现在你的生活里，会不会爱上你还是个问题。即使出现，你又怎么知道他比方岩更好？能让你踏实下来付出的男人如果永远不出现，你一辈子只享受方岩的付出岂不自私？"

李丽愣愣的半天回答不出来什么。李丽这样的作为是很让人愤恨的，自己占着金碗玉食，还要当别人的面挑剔，说自己其实喜欢粗茶淡饭。别人都在睁眼生活，她却在生活里闭眼做梦。

其实这种在婚姻里做梦、追忆、不甘的女人最终都是在婚姻中浪费黄金般的年龄和时光，没有重新寻梦的心，也自知没有那个能选到更好伴侣的资本和能力,也知道目前的婚姻已经是自己能找到的最好的了,但仍旧嘴上不甘。除了安全感不足,那就是超级自卑或者自恋。

这种极其任性的思维和现实不匹配,如果还不面对现实,最终会丢了自己,失了婚姻。

现实中有很多人的婚姻不是一眼就能决定的,那种对视三秒就能确定对方就是自己所爱的论调,并不适合现实生活,特别是对于女人,有诸多的外在因素扰乱着她的选择。很多人是根据当时的特殊情况,眼睛一闭心一横就结婚了,但闭眼结婚的人很多还是过得很幸福的。

那是因为当事人在闭眼结婚后就用常识和常态,观看了婚姻环境,审时度势,得当生活。大多数人明白,婚姻不是儿戏,那是两个家庭的希冀,是社会承认的一种关系,而且是要用责任、义务和爱维护下去的一种情感,需要认真对待。

我认识一个女人叫小贝,她因专注事业,鲜少有时间谈恋爱,又因性格腼腆,而最终成了大龄剩女。但她毫不回避自己是渴望婚姻生活的,希望有一个爱人陪在身边,希望繁忙的工作之后有一个温暖的家在等待。

小贝在34岁的时候经人介绍认识了先生王涛,说实在的,王涛除了性格好,确实没有哪方面是出色的。王涛长相普通,工作普通,家境普通,是走在人群里就很快被淹没的那种男人。小贝虽然也相貌平凡,但事业做得响当当,而且在公司的业务能力是

幸福女人读婚姻

有目共睹的,上升空间很大。

但王涛有一点很不普通,就是很执着,第一眼看上了小贝就坚持不懈地追求,没有一点因为收入和事业发展悬殊带来的自卑感,追求小贝的方式很诚挚且耐心,小贝没有多感动,但王涛却把小贝的家人感动了,小贝最终还是在家人的劝说之下,在权衡王涛这个人是正派人、会踏实过日子的情况下和王涛快速结婚了。

小贝的婚姻是现实中普遍婚姻形式中的一种,没有风花雪月的浪漫前奏,更没有多深的感情基础,甚至没有正经地谈过恋爱,完全就是按条件择选,择选后随形势裹挟着走进了婚姻生活。

小贝在婚后事业马上上了一个新台阶,升职加薪,简直就是为他们的新婚生活喜上加喜。原本小贝对刚开始的婚姻生活没有多少期待,但没有想到,王涛特别高兴,拿出一副成功女人背后的男人的奉献精神加倍对她好,直接让小贝过上了十指不沾阳春水的生活,而且对人宣扬,他自己事业做得不好,就是喜欢事业型女人。说这些话时没有一点自卑自贱自轻之态。

小贝在事业顺利、家庭幸福的同时,也发现王涛是很会生活的一个男人,工作没有多出色,但很踏实,家里被他收拾得很温馨,而且因为小贝工作忙,王涛把两方家里的老人照顾得也好,工作家务之余,他竟然有打桥牌的高雅爱好。

小贝忽然发现,走进婚姻的大门,如果你有一双发现的眼睛，就会发现爱人的许多好。如果自作清高，假装看不见，那连婚姻的好都享受不到。小贝的这一发现，让她很庆幸自己对婚姻的闭眼一跳，也庆幸自己对婚姻还算尊重。如今，小贝过得无比幸福，她一天天爱上了老公，还戏称自己的婚姻是先结婚后恋爱类型。

其实，世界上的婚姻有多少个是从恋爱到婚姻完美存在的？聪明的女人会做的，就是假如不能改变婚姻，就去适应婚姻，去发现婚姻的好，去挖掘爱人的好，让自己变成拥有幸福能力的女人。

还有一种女人，说起自己的婚姻，只给人传递一个意思：这场婚姻是独一无二的奇缘，有旁人无法企及和理解的好。这种女人大多在婚姻里非常自知。即使当初别扭着结婚，婚后却看不出之前的嫌隙。问之，常常能够得到相似的六字箴言：既来之，则安之。所以请记住，婚姻是自己的，幸福就要尽量在这里挖掘。并不是非要追求至真至纯的巅峰之爱才能快乐，温适安宁也是常态。

其实，那种被幸福女人宣称的奇缘式的婚姻真的是奇缘吗？答案也只能是仁者见仁，智者见智了。

邻居，特别开朗爱笑，她和先生的婚姻生活也甜蜜得毋庸置疑，每当谈及他们当初的认识，她简直就当传奇来讲，如何在概率低得不能再低的地方和时间巧遇，他们当时说的话根本就是契合了某偶像剧里的情节。用她的话说，就是怀疑那偶像剧抄袭了

幸福女人读婚姻

他们的恋爱节奏。接下来是因为异地和家庭因素,如何遭到父母的阻挠,而她在经过深思熟虑后决定赌一把他们的爱情深度,眼睛一闭,毅然决然和他结婚。

"结果,我赌赢了。"这是她最惯常说的一句话,口气骄傲得能睥睨全世界一样。

但是我知道的情况是,她们结婚后,除了爱情甜蜜外,家里遇到了许多大大小小的麻烦和矛盾。地域不同,文化教育背景不同,彼此结婚前一见钟情忽略了各自的性格弱点,她曾经有一段时间特别动摇,特别怀疑自己选择的正确性。

但她是一个坚信爱情,同时适应力很强的女人,她认清事实后,迅速融入了当地的生活,而且勤劳肯动脑子,直接用自己的聪明才智带动了婆家的经济实力上涨,同时开始放开自己,认识先生家的人,快速地让自己成了他们中的一分子。

所以她现在仍然如此幸福,还能骄傲地谈及爱情和初遇的美好。如若她沉溺在后悔中,或对婆家的轻视中,或者感叹命运的不公中,说不定现在都得抑郁症了。

相信每个女人走进婚姻时,都对爱情和婚姻是肯定的。但也有很多人对未来是怀疑和不确定的。看过一个热播的电视剧,里面有一句台词,"结婚就是纵身一跃的勇敢"。但勇敢以后呢?难道是后悔、遗憾一辈子?那这样的闭眼一跃根本没有任何意义。只有睁大眼睛去发现、去享受、去创造现有婚姻生活中的美好,才不负"此行"。

第二节

喜欢在前，依赖在后

看电视剧里的一个男人说起他之前的婚姻，他说："有时候和女人在一起不是有多喜欢而是有多依赖。"乍一听，这句话真有哲理，有内涵，有概括性且不玄幻，准确阐述了世俗平凡的男女关系。

男女在一起有多少是喜欢得死去活来才结成婚姻的。多数在一起的程序是：相见，感觉对方还不错，比之前见过的、分手过的都好上那么一点；接着就产生好感进而交往，有的再经历些恋爱中的小吵小闹，赌气和好，悔悟原谅，于是明白过来，还是此人最适合自己；然后婚姻自然成型。

循环往复，忽然哪一天，一个人出点小事，出趟小差，来场

幸福女人读婚姻

小别离,一方就觉得心里空空的,生出许多担心和思念来。这时依赖成型,原来彼此离不开。顺带着连那些婚姻成型后琐碎生活里常让人恼恨的、原形毕露的坏习惯、烂缺点被忽略了,鸡毛蒜皮的争吵也立刻烟消云散了。

大多数的普通婚姻生活是这样的,喜欢好像真是遥远的事,什么时候说过的,自己都记不起来了。但电视剧里男主角平凡淡定的话,却立刻新鲜得如一股清风,吹醒梦中人。有太多人对这样平凡固有的婚姻状态给予过太多溢美之词,简直让人误认为这就是婚姻牢固的样子。但自己的婚姻是因为喜欢成型的还是依赖成型的呢?

一个好友也追此剧,对这句话很是认同,但不幸的是她正值婚姻红灯期。本来之前小两口日子过得也平静,忽然有一天她竟然发现先生婚前有一位深爱的前女友,这本没有什么稀奇,但她听说的是,先生曾经因为前女友的离开得过抑郁症。可见当时爱之深切。

好友愤然地说:"终于明白他为什么那样对我了。"原来不久前,好友和先生因一件小事吵架,最后也是生气了,话不择口,就赌气地说了句"过不成了就离婚"。没想到和自己朝夕相处、脾气乐呵、对她从不恶言的先生竟然沉默了一会儿回答她:"如果你决定了,听你的。"

她一下子心凉如水,既失望又不相信,先生的话太冷静,就像早就等着她提出离婚一样,她觉得自己很不了解先生了,不知道他是真不懂她的心，还是真的冷酷无情。

那次两人到后来是怎么和好的，她已经记不起来了。这次的红灯期是因为生孩子的问题，先生想马上要孩子，意思直白明确，说是拿孩子拴着爱玩的妻子，但好友却想再玩两年，现在她还不想生，说自己还不到30岁，不想太早被孩子束缚。这事还没过去，她就发现先生为前女友得过抑郁症这事了。两人吵了一架后，好友一气之下离家出走到朋友家小住了。

就是这样一个人对前女友的离开得抑郁症，对自己一个正牌妻子的离家出走平淡决绝？她离家都三天了，先生竟然没有来找她。

好友这样一对比，差别就出来了，她思考：丈夫对自己可曾有点喜欢？至于这么多年仍在一起，只是习惯了相互依赖，对方不好不坏，离婚很麻烦。

这样一推理好友的内心一刻都不能平静，敢情这么多年自己只是在婚姻里扮演自作多情的角色，对方只是找了一个饭搭子、伙计、聊天对象、生活伴侣，说不定先生还是为了从前女友离开的阴霾中走出来而找了她，这么多年依赖着她才能正常地活着。现在在婚姻里时间久了，架吵多了，就厌烦了，觉得婚姻也就那么回事，不仅毫无意思还多了个负担，多了个生气对象，如今有个顺坡下驴的理由还不赶紧用上。

好友越想越觉得自己跳进了陷阱，甚至恶性循环地联想起一部部看过的恐怖电影、电视剧里那些恶毒阴险的男主角。偏偏在

幸福女人读婚姻

这个时候，被好友强行分居的先生，采了个软缓，说他这两天胃病犯了。好友一脸被击中要害地说："看看，依赖。"

好友没有理会，不久她先生再来电问："单位发福利，全是海鲜，怎么办？"好友回道："想咋办咋办。"

但接下来，事情的发展偏离了好友的认知，她先生的糖衣炮弹接连发来，比如发加班费了，他准备用这些加班费给她买件大衣，但不知道什么牌子好，所以他就自己看着买；他前天和同事去吃饭送礼物，他给她特别要了本几米漫画，他想她肯定喜欢；他看天气预报这两天要下雨，让她多穿衣服。好友渐渐地沦陷，如果这些都是借口的话，那接下来这条确实像真的，她先生打电话来说，他要出差几天，家里的小猫没人喂。所以她得回家。

好友嘟囔说："看，他仍然不为他之前为前女友得抑郁症的事情解释和道歉，可见我在他心中的地位。"

但下午好友就收到了先生送的9朵玫瑰，插卡上只说，小猫被他姐姐家的孩子抱去玩了，他出差回来来接她。好友手捧玫瑰，看着卡片说了一句："我干嘛要让他因为我也得个抑郁症。"说罢自个儿傲娇地回家了。

想必好友是明白了喜欢和依赖在婚姻里微妙的关系了。没有点喜欢，怎么相处，何谈依赖？依赖久了，喜欢看似淡了，但其实是变成了左手和右手的关系，当左右手都在时就毫无感觉但不能失去。如果单论喜欢和依赖就像谈论是鸡生蛋还是蛋生鸡一样无解。但我更坚信是因为喜欢在前，才慢慢依赖。喜欢着依赖，依赖着生活才是婚姻常态。

  影视艺术基于生活,却高于生活,那里的话只能拿来参照和思考,与不能尽信书,许多道理是因人而异。但真正的婚姻生活远比电视里的要好,因为冷暖自知,不可辜负。彼此成长,彼此珍惜,才是婚姻的相处之道。

第三节

爱情和婚姻不是一回事

人在热恋时,眼睛里只有恋人,心里只有爱情。连带着关于爱情的所有东西都是有生命和意义的。每个人都有那么一段忘我的、热血沸腾的或柔情蜜意的时光。但没有人把这段时光一直热情洋溢地延续到婚姻里永不衰竭。如果你执着,你的爱情和婚姻也许会被灼伤。

搬家到一个新的小区,发现隔壁的邻居,每月都会大吵几架,说是大吵,是因为他们的声音实在是太高了。不在一个单元住,但一墙之隔,我坐在自己家里就能清楚地听到他们的声音。虽然听不清他们吵架的具体内容是什么,但根据声音判断,他们的情绪都很激昂,而且持续时间很长。

他们吵架有时会持续几天，停停吵吵，吵吵停停，只听见女人不停地在说，像是争论，像是讨伐，声音里充满恨意委屈，滔滔江水般的话语倾泻而出，男人都没有插话的余地。然后，在女人夹杂着哭声的话语中，能听到男人的一声狂吼，男人的吼声充满着无奈和发泄的意味。接着就是打砸的声音，伴着男人说的大概日子不过了之类的话。声音之大，相信左邻右舍都能听得见。每每他们吵架，都让人听得惊心动魄。

　　一次我又听见隔壁打砸声，就说："这男人傻得把家具砸坏了，不还得自己掏钱买。"先生却说："都是因为这个女人太作了。"

　　一段时间后，我终于见到了隔壁经常吵架的夫妻俩，三十多岁的样子，女人没有工作，两人有两个孩子，大女儿刚上初中，小女儿刚一岁半，怪不得每次他们吵架都能听到孩子的哭声。那女人看起来和我想象中的不太一样，她个子高挑，穿着也不邋遢，此时笑意盈盈的和先生拉着一岁半的女儿在小区散步。气氛和谐得根本不能和连续吵架、哭泣的人对上号。

　　都在散步，她和我相对微笑。熟了后我很快对她有了了解，她是个倾诉型女人。她大概也知道他们吵架邻居们都知道，就毫不避讳谈她那令人失望的婚姻生活。她和先生认识的时候很偶然很浪漫，恋爱谈了两年，"那时候真好啊，那时他可不是这样，又帅又温柔，体贴又浪漫。"

　　她说他们两家都不同意他们的婚事，他家庭条件不好，而她

幸福女人读婚姻

婆婆觉得她性格太强。但她当时勇敢又倔强，愿意为爱情做一切事，因为她的不懈努力，才征得双方家庭同意让他们结婚。

可结婚后她才发现，为爱焚身是冲动的行为，婚后的生活原来不仅是门不当户不对的问题，也不是消费观念原生家庭习惯的问题，而是她受不了先生变得太快的问题。特别是第二个女儿出生后，他体贴不再，浪漫不再，反而还更加大男子主义，整天不着家，说是工作忙，但也没挣多少钱。家务那么多，孩子的事一大堆，她都快累死了，还不忘给他过生日。"可他呢，连请我出去吃一顿饭的行为都要我先说出来。"

话说到这儿，她和先生吵架的原因不言而喻。以此类推，大部分吵架都是她因先生没把鸡毛蒜皮的小事做到位而找茬撒气，在委屈中，不讨个说法，不吵吵架让对方难受难受，她就心里不平衡。我不知该说她老天真，还是太幼稚；是太执着，还是不成熟。

爱情是美好的，无论当初多么热烈如火，进入婚姻都得把火降一降。进入婚姻之前的爱情，只有爱情。进入婚姻之后的爱情，除了爱情，还有亲情、孩子、家庭关系，以及与婚姻家庭联系的所有社会关系。

走进婚姻里，面对婚姻里的琐事，有时不得不务实，特别是男人，家庭的重担在肩，使得他们分不出太多的心思来玩浪漫。如果女人这时还拿恋爱时的标准来过婚姻生活，那谁都会不幸。谁的爱情到婚姻里都会琐碎，都会平淡，只有学会适应和享受，才会幸福。

很多人羡慕能改变婚姻的女人。有些女人通过自己的努力，事业丰收，原本爱情不怎么样，自己的事业成功了，在爱情中的地位就改变了。或者通过自己的聪明才智，让复杂的家庭关系变好了，让出轨的丈夫浪子回头了。或者是哪个女人特别会经营婚姻，婚后数十年，婚姻生活常过常新。

我觉得这些女人是值得尊敬的，但却不一定是值得效仿的。把婚姻生活过得常过常新不能说奢谈，但也并不适合庸常的女人。相反，有能力让自己在现有的婚姻里幸福的女人才是值得效仿的。毕竟我们都是普通平凡的人，没有过人的智慧，没有过硬的自身条件。

婚后开始平常的生活，学着独立生活，学着和婚姻相连的两个家庭成员相处，学着接受爱人慢慢凸显的缺点和短板，在失望和妥协中经营婚姻生活。

对爱情可以执着，但别执拗；可以热情，但别热烈。相信恋爱和婚姻是因果关系，但不是一回事。

郭莉是我的大学同学，她热情漂亮，个性鲜辣，在大学里想追求她的男生也是能用排为单位计算的，她没看上那些主动追求他的男生，偏偏爱上了个性高冷、对她无感的萧涛，她用了十二分的热情追萧涛，当然是追上了。郭莉对爱情的态度和她的性格一样，一旦爱上，就全力以赴。

幸福女人读婚姻

自从和萧涛成了男女朋友，她恨不得把自己认为最好的都给萧涛，简直是二十四孝女友，把所有能考虑到的都为萧涛考虑到了，所有认识他们的男生都羡慕萧涛。郭莉每天幸福得像花儿一样，扬言誓要做"毕婚族"，可当她高调地在毕业典礼上"不顾廉耻"地向萧涛求婚时，萧涛却慌不择路地逃了。

"我这么爱他，还不够吗？"之后郭莉哭着说。但萧涛的回复是：郭莉太热情了，对他好得让他觉得自己毫无用处，她这样纡尊降贵更让他觉得自己无以为报。

生活中像郭莉这样对爱情婚姻全力以赴的女人还是有挺多的。她们认为，既然爱了，就应该可劲儿地对对方好，那对方就会对自己更好。其实不然，在爱情里，单方面的热情有时是负担。再说男女双方，思考感情问题是两个脑半球，怎么会一样呢？希望越大失望越大的问题也不可避免。

我的另一个大学女同学和郭莉对待爱情的态度完全不同。她性格好得有些"傻"，每天笑靥如花，对追求她的男孩都一视同仁，用平常心对待，用她的话说就是：慢慢观察，遇见各方面都合适的就谈呗。我们都觉得她狡黠，但也不得不承认，她最后找的男朋友还真不错。她男友条件各方面说不上特别好，但也不错，家庭中资，长相成熟稳重，很包容，处事实在，为人谦逊。他们在一起不吵不闹，没有多热闹但挺温情。谁也没想到他们最后成了班上的唯一一对"毕婚族"。

毕业5年后同学聚会，她玩得挺开心，有同学故意打趣她说，某天看见她先生和一个女的在一起喝咖啡,那女人特妖娆,让她当心,别被甩了。她特别大气说:"没事,我回家教育他一下就好了。"说完就呵呵笑。当被问起小日子过得怎么样时,她说:"就那样,挺好的。"据了解她情况的同学讲,他们的生活确实挺好的,先生事业发展顺利,她工作稳定,已成为同学中有房有车一族。可她仍是淡淡的,不骄不躁。

还是有同学起哄,让她传授一下婚姻之道。毕竟在场的大部分人已经进入了婚姻生活,但各有说不尽的喜悲。她思考了一下说了八个字:爱情暖暖,婚姻凉凉。一句话就说出了婚姻之道。醍醐灌顶,意味深长。

爱情里,哪有用不尽的热情,暖暖的就好。婚姻里,哪有持续不减的爱意,时间久了,凉凉的也不错。暖暖的,是自己能把握和享受的心态。凉凉的,不是不谈爱,而是不再激情谈爱,只用温情理智经营婚姻而已。

不是每个人都如我的那个女同学一样明智和幸运。但我们每个人却能让自己明智地思考。既然婚姻尚存,就表明爱情尚在,是要在失望中攒绝望,还是在适应中攒希望?我想,这是个简单的问题。

有人说,我对爱情抱有不屈的热情信念有错吗?我对爱情无怨无悔地付出有错吗?当然没有错。但你是否考虑过,世界上没有不求回报的付出,包括爱情。为了避免希望大失望多,那我们就改变自己,让自己慢慢去适应变得平淡的婚姻生活。如果你热

读婚姻 女人 幸福

情足够,就为它添点色彩。

所以说,不要把恋爱的热情搬到婚姻里,也不要用婚姻的平淡否定爱情。爱情长青的状态就是常暖,而婚姻常暖的道理就是偶尔"凉凉"。

第四节

谈余生不靠谱，将可过的婚姻过下去就是幸福

国学大师张中行通过自身感受，将婚姻分为四等：可意、可过、可忍、不可忍。他说："婚姻是一种花朵，但并不是所有的花儿都好看，可意的婚姻少，是天上的花朵；可过的婚姻不多，是地上的花朵；可忍的婚姻最多，是尘埃里的花朵；不可忍的婚姻亦多，是地狱里的花朵。"

根据这个花朵理论，对于庸常的普通人，现实中的婚姻最惬意的应该就是可过和可忍了。天上的花朵，就像摘星星般难以企及，还可遇不可求，即使求得，能否驾驭也是个问题。事无完美，世界上太完美的东西都是昂贵的、易碎的、得花钱保养的。

幸福女人读婚姻

那些堪称完美的婚姻哪个不是拿来让世人歌颂的,但数量却屈指可数。还是美而缺憾的道路会好走些。

那生长在地狱里的花朵,没有人愿意采撷,生长在那黑暗的地方,花朵也身不由己吧。婚姻在此,谁谈幸福?只望救赎。

可过和可忍相比,前者可能更安逸些。可忍,字面意思就能想到小打小闹、小吵小笑、鸡毛蒜皮、哭笑当酒歌、离婚当调料的日子,像麻辣火锅般乱遭而昂扬存在。虽很有烟火气,但不是很怡情。

可过,却有点小浪漫情调。"完美不足,吵闹不多,小富即安,互不干涉,互补互让,相安无事,无出轨,无大错,能容忍,不厌倦。"说这句话的是一位大学学姐,在一个微信群里胡扯的时候,大家针对网络上轰轰烈烈的谈论余生的话题进行讨论,有谈余生的,有写余生的,还有网络红文,内容多是余生要和有责任感的人一起过,要和善良的人一起过,要和能聊得来的人一起过,余生再不将就,等等,反正谈的都是余生。半天没发言的学姐忽然蹦出一句:"姐的婚姻现在可过,不谈余生。"

群里立时一片寂然,学姐又来一句:"谈余生,你们现在的婚姻都不能过了?忍无可忍了?都在将就?那还不赶紧离,等着在不堪的婚姻里腐烂吗?这还是有知识受过高等教育的女人吗?"

这样一来,群里直接没声了。不能不说此姐说话犀利,做人不扭捏,话语直抵人心,是矫情终结者。

其实，学姐"教训"得很有理。大家都才多大，婚姻才开始没几年，就开始谈论余生。若谈论余生的事业理想要进入一个什么样的阶段尚可理解，但谈论余生要和什么样的人一起过，那就旗帜鲜明地表示，现在和自己一起过的人不是缺少责任感，就是和你聊不来，或不善良，或没有教养等，和他在一起的婚姻就是将就，无爱可言。

想想真的挺不合适的，他这么不好，你还和他一起过？但看大家在微信里谈的劲头，过得也并不差吧，至少还有闲情逸致八卦和现实生活离得百八十丈远的余生。还费力幻想余生和什么样的人过神仙日子。

这是过得太滋润了吧。温饱思淫欲。这么滋润的婚姻生活，却欲抛弃眼前人而见异思迁吗？

另外，在婚姻里过得不算好也不算差的人，这样奢望余生能与自己满意的、具有自己欣赏的那种品质的人一起过，是对自己另一半的严重不尊重，也是无视另一半在家庭里的地位。直言大胆地假设和剖析自己和那样的人一起过的日子，好像和那样的人一起过才是正确的人生，才是幸福归宿，才是一个女人无悔的选择。那就是标榜和现在的这个人是错了，不幸福了。但还不离婚，这是什么矛盾逻辑和婚姻哲学。

相信每个女人都对婚姻憧憬过，而且把自己的婚姻设想过成世界上独一无二的，可是进入婚姻后，时间越久，婚姻的庸俗面越立体，而爱人的缺点和短板也越被放大，简直粗俗不忍示人，

幸福女人读婚姻

脾气大而臭，性格躁而急，或温而贫，心胸不宽，还随意打嗝放屁，人前勤勉人后苟且，稍微一吵架，某些时候还玩一把离家出走。如此般身体力行，油盐酱醋，烟火尘埃后，发现婚姻大同小异，不过尔尔。

所以说，在没有下辈子的情况下，幻想一把自己余下的人生能有一个自己满意的人陪伴左右，那该是多么幸福的事。

一个好友，特立独行，对生活的选择自主自在，在一个偶然的契机下认识了一个男人，此男算不上英俊有型，和她站在一起非常违和，但她说她看中他的包容性，就她那说走就走、说翻脸就撂挑子的个性，男人能温柔以待，实属难得。所以马上就闪婚了。

可不久好友就把此男变成了前夫，她的理由是，这个男人太博爱，容忍度无底线，她在这个婚姻里就像温水煮青蛙，她会被闷死的。她发誓，她找下一任先生的标准之一就是：要个性。

她还真找着了。她的第二任先生是个画家，和她同样自我，洒脱不羁，只是她对第二段婚姻的热情也只是维持了半年就颓然了，原因是先生好像不知道责任为何物，奉行临时起意，说流浪就扔家当，口头禅是"千金散尽还复来"，她恐惧了，毫无安全感。

好友的第三任先生是个大她10岁的老男人，只不过一年半后，她逃了，不是先生不好，而是她不适应他的处世哲学，圆滑而世故，一点不符合她真纯的个性，三观不和是婚姻最严重的伤，不分不行。

当我再见到这位好友的时候，她刚登完山回来，满目兴奋，满身疲惫，独自一人。而她仍然相信爱情，说："余生我要找一个……"

我很无奈，追求完美的婚姻无错，但不改变自己，不接纳婚姻的利弊，不明白有得有舍，不理解婚姻乃是两个人相爱相容，就永远享受不到婚姻的幸福。

婚姻里如果连容忍都没有，那向往可过的余生，都是奢侈。婚姻的开始都是绚丽激情的，但绚丽总会褪去，诗篇总会变成散文。没有为婚姻付出、经营、忍耐的心理准备，即使有余生也一样得不到幸福。

一个同事，已过不惑之龄，谈起婚姻，似有诸多遗憾，她叹息："如果有选择，她一定找一个个子高、爱打篮球的男人一起过。"说这话的时候，她就站在公司的篮球场边上，看着公司的篮球联赛。眼神熠熠发光，像陷入了回忆中。

我严重怀疑，如果现在在游泳馆，她会不会说如果有选择，她一定和身材好、游泳好的男人一起过。

由此再次怀疑谈余生的那些女人，她们的愿望不是恳切的，甚至不是发自内心的，而是随机的，属即兴发挥。心情不好，环境所致，就发一番感慨，转身就回家做饭带孩子，和先生秀恩爱。一边和先生吵架，一边窃喜今天自己用小聪明小伎俩占了上风。接下来该去向公婆献好就献好，该和闺密吐槽就吐槽。

幸福女人读婚姻

其实这就是学姐口中可过的婚姻了。周围这样的婚姻还是令人羡慕的，身临其境的女人未必知。究其祸根，就是：爱是不知足的。还有一点就是对爱，人都是贪求的，而且想要最佳。因此跃跃欲试想犯险。

李娅和建军是我认识的一对情侣，李娅有点文艺小资气，而建军就是个北方汉子，行动派，对爱也一样，他喜欢李娅，一路猛追，追上后，又猛对她好，结婚后更是把李娅宠成了公主。

她们的婚姻简直成了朋友们羡慕的典范，但身在福中的女人都是迷茫的，李娅一点也不觉得幸福，她反而觉得建军性格太直，头脑简单，她想要一朵玫瑰，建军却送她一桶士力架。

"喜欢是任性，而爱是克制。"这句话在她们中间演绎得逼真彻底，婚姻成型后，李娅不止一次出言不逊地指责建军不合她心的行为，建军由憨笑到讪然。当李娅第N次遗憾地说，她真希望和优雅儒雅、浪漫知性的男人一起过时，建军再也无法克制，他提出了离婚，给李娅留下了一句话："去找你觉得好的男人过余生吧，这是我的成全。"

事实上，李娅的余生一点也不乐观。她已了然，她失去了对她最好的、最适合她的男人和婚姻。

其实，总结开来，那些寄希冀于余生的人，有几个特点：第一，没有正视自己的婚姻。第二，没有尊重自己的爱人。第三，没有反省自己的短板。第四，不懂知足。第五，不明白婚姻也有底线。第六，过于自信、自恋。

所以，她们觉得自己在婚姻里大材小用了，是吃亏的一方。总觉得电视里、小说中，以及在现实被传颂和艳羡的那种完美和谐的婚姻才是自己应得的。而忽略掉了所有的好婚姻都不是白来的，没有经营和付出，没有容让和责任，永远不会好。

你永远在向往余生的路上。但，余生在哪儿呢？你跳出婚姻，余生不一定好；你不跳出婚姻，余生只能是幻像。

第五节

好婚姻不是自己生长而成

很多人在婚前和爱人协商，在以后的婚姻生活中无论有多么大的矛盾和争执，都不许提"离婚"二字。因为觉得"离婚"二字一出口就像在婚姻里抛了第一颗冰雹，心冷不说，冰雹里未必不会夹杂着不为人知的外来事物，即使小如尘埃，那也是外来的且冷冰冰的东西。

有这种协议和承诺的夫妻因为太明白普通人做事，只要有了开头第一次未必不会有第二次的道理。"离婚"作为一个词汇，提的次数多了，就成了一件无关紧要的事，最后好好的婚姻会不会冰凌满地，无可收拾，谁也说不准。

千里堤坝，毁于蚁穴，这样的事情太多。好好的婚姻因小事的累积走向解体也不鲜见。但婚姻里的坏事和世间的万千事物一样，都不是自己单方面生长出来的。反之亦然，万千幸福的婚姻也不是单方面个人造就的。

沈雨的婚姻在外人看来就是她上辈子烧了高香得来的，她当年没有考上大学，但凭着一腔不服输的精神来到大城市打拼，在那里遇见了后来的先生徐宇，徐宇毕业于名牌大学，家庭属于城市里的富裕阶层。外人都说沈雨有福气，嫁了个好人家。但用徐宇理性的原话解释，就是：他们各有所图，他图她长相漂亮，身材绝佳；她图他经济基础好，人帅。

只是没有人知道，沈雨不但图徐宇那些东西，还有徐宇光鲜鲜的名牌大学学历，就像是弥补了她没有上过大学的遗憾一样。

沈雨和徐宇的婚姻生活开始还算平静，但不久，沈雨发现有一些事情不是她心里所想，也不是外人看来的那么好。

第一，徐宇不介绍自己熟悉的同学、朋友给她认识。大学同学会，允许带家属，有同学邀请徐宇带上沈雨，还开玩笑说："听说嫂子美貌惊人，一定要携手同来，也让我们一睹芳容。"当时徐宇接电话的时候，沈雨就在旁边，她听得清清楚楚，徐宇模棱两可地答应了。沈雨心里高兴，暗地里准备了许久，结果徐宇在她不知道的情况下已经参加完同学会回来了。还有一次，她和徐宇在街上碰上了徐宇的同事，徐宇也只是和同事说了两句话，一点也没有要对同事介绍她的意思。

第二，徐宇公然和女人约会。结婚后不久，沈雨发现徐宇

幸福女人读婚姻

有几个关系很不错的女性朋友,不知道有没有暧昧关系,但他和那些女性朋友通电话的时候并不避讳她。有一次沈雨在街上逛,无意间就看见徐宇和一个长相一般,但一看就是高知的女人在咖啡店喝咖啡,透过透明的大玻璃窗,她看见徐宇和那女人交谈甚欢,此时的徐宇完全就是一副沈雨不认识的模样,眼里有兴奋的光芒,还不时拿温柔的眼神看着对方。

这样的事情多了,沈雨留了心眼,暗地调查跟踪的事情也做了数回,却并没有发现徐宇有出轨的动向,婚内男人有没有异动心,敏感的妻子很快就能发现,但是沈雨并没有发现,徐宇在家一切正常。某次他俩因小事争吵,沈雨忍不住就提了他和女人约会这件事,没想到徐宇反应很平静,他说:"你们怎么能一样,你是妻子,那些人是红颜知己。"徐宇还表示不会因为她们和沈雨的婚姻有何变化,沈雨却听得心里五味杂陈。

第三,徐宇不干涉她做什么工作,挣多少钱。这件事对于婚内的许多女人来说是好事,表示丈夫尊重自己,但沈雨却没有这种感觉,她只感觉被无视。徐宇的工资高,但并不都交给她,只交给她足够的家用,剩余的他自己留着。而她挣的钱都由她支配,也没有人关心她挣多少钱。说白了,就是无所谓她赚不赚钱。

沈雨心里不好受,有次发牢骚,说自己根本不知道徐宇有多少私房钱,徐宇分明不把她当妻子,沈雨记得当时徐宇听了她的话,很奇怪还很冤枉地说:"你没有问过我啊。"沈雨听了也非常委屈，听这意思还是她的错了。

第四，沈雨发现学历是她们之间的一个障碍。沈雨的外貌身材走到哪儿都是惹眼的，这点连徐宇也承认，她模特的身材，绝佳的脸蛋，穿什么都好看，徐宇在她的穿衣打扮上从来都不吝啬赞美。但这个赞美分时间地点，但凡和他一同外出，徐宇就会对她的衣着很挑剔，总嫌她的穿着不够端庄。

有一次，沈雨被他挑剔得火了，说："你那些红颜知己们哪个穿着端庄了，有的邋遢，有的不男不女，有的还穿得紧透露。"徐宇反驳道："那些都是什么人，一肚子墨水，一肚子理论，根本不需要装扮。"

沈雨气得那天没有出去，徐宇的意思很明显，学历高，怎样都有范儿，学历低，就要从其他方面补。

沈雨发现在她和徐宇的婚姻里不对等的事有很多，让她冒火的事情一大把，继而发现她和徐宇之间有着难以跨越的距离感。在一方小家里生活得再温馨和谐，互不打扰，也总觉得少了些什么，她越来越觉得自己在徐宇眼里就是一个花瓶而已。

沈雨把这些发现和苦恼说给闺密听，闺密听后用他们婚姻里沥筛下来的经验给她建议：先不去管徐宇什么样，先从自己做起。闺密还总结，造成她们婚姻的这种结果，可能都是因为沈雨没有表现出自己优秀的特质，在婆家太低调、太容忍、不强势。最后闺密动员沈雨，拿出自己的本事让婆家人另眼相看。沈雨也觉得有道理。为了婚姻的幸福，她决定听从闺密的建议。

幸福女人读婚姻

于是,沈雨回家当机立断辞掉了之前那份收入一般、没有技术含量的工作,她用手里的钱看准了一个铺面开了家蛋糕店,等徐宇知道的时候,她的店面已经开始赚钱并且走向了正轨,小小的蛋糕店因为选址合理,月收入堪比徐宇,可徐宇知道后并没有高兴多少。他们的婚姻关系除了她更忙碌,一如既往。

沈雨接下来的计划是上大学,徐宇知道后的态度没有沈雨想象中的惊喜,而是很不理解的样子,觉得很没有必要,直言道:"你又不爱学习,受那些苦干什么,都快30岁了。"

这无疑是在她心里泼了一瓢冷水。沈雨苦恼之极,觉得自己为婚姻无论做出什么样的努力都换不回自己想要的。她极其失落,甚至怀疑婚姻的选择。

当她再次找闺密诉苦时,遇到了来闺密家串门的闺密的表姐梁姐,梁姐四十多岁,性格开朗,一副生活自在滋润的神态。听完沈雨的诉苦,哈哈直笑,然后说:"好婚姻不是自己生长而成的。好婚姻需要好的方法经营,经营不是单方面的努力和付出就可以的,即使付出也得是双方共同努力才可以。不能单凭一方面盲目努力,那样只会白费精力。"

梁姐的话一下点醒梦中人,沈雨确实好像一直以来都是自己在努力想方设法改善和徐宇的关系,但事倍功半。

一是,她以为独自努力,觉得只要自己变得更好了,丈夫自然会关注自己,她认定的是只要花开蝴蝶自来的路,殊不知每个婚姻状况不同。梁姐问:"你认真地问过丈夫除了爱你的外貌,还在意你什么吗?"

二是,沈雨和徐宇的沟通太少,都在各自生活。各自没有阻止对方进入自己的情感世界,但都没有去了解的行动。

三是,一切沈雨认为她在婆家和丈夫面前受到的不尊重原因,都是她单方面的猜想。事实却不是她想的那样。梁姐问:"你为什么不和先生申明你想要什么,你希望他做到哪些?他不愿做或不想做,那就另一番话说。"

梁姐的问话,沈雨都回答不上来,但心里已经豁然开朗,他们的婚姻基础是好的,只是在婚姻中各有特点,好在他们对婚姻还保留着忠诚。

同时沈雨也明白了,他们现在的婚姻状况不是家境差距、学历差距造成的,是缺乏沟通、缺乏自信,当然也有其他的因素。沈雨决定回去后改变自己,不一味地埋头经营自己,要确切了解徐宇在意的是什么样的自己,虽然不会按照他的要求失去自我地改变,但既然爱一个人,为他稍作调整是可以接受的,她也会告诉徐宇,自己需要什么样的婚姻,自己需要爱人为自己做哪方面的改变,沈雨相信,徐宇也会为她做改变。

婚姻里的许多问题和万千女人终身相伴,但现实的婚姻不可能一遇见困难和隔阂就闹离婚。大多数婚姻都是好婚姻,重点取决于婚姻里的人如何对待婚姻,有人放弃,有人妥协,有人干耗,有人忍耐,但最聪明的办法是努力改变,遇见矛盾想办法化

解，化解的方法很多，就看你怎么用了。

　　好婚姻都不是婚姻里一方努力得来的，它需要两个人共同努力，这就要看婚姻里智慧的女人怎么操作了。

第六节

婚姻里的女人要爱己有方

女人大都知道一个道理，那就是：女人要自己爱自己。

有很多婚姻失败的女人，经过分析婚姻失败的原因，有很多被归咎为是自己的错。而那个错就是太不爱自己，把自己过成了男人的附属，家庭的保姆，婚姻里的可有可无。有分析人士呼吁女人要爱自己，在婚姻里的女人更应该知道疼惜自己。因为自己不疼自己，没有多少人记得起来去疼你。

话虽苛刻，却有道理，婚中女人大都能得到丈夫的疼爱，但从婚姻里滚爬过来的女人也明白，婚姻事多，在丈夫的责任中需要承担的事情也多，爱情也就是忙里偷闲，在万千的家务事中连带的部分，加上孩子、公婆等，这些人也等着被疼爱关怀。于

幸福女人读婚姻

是，贤惠的女人把爱自己的时间都用在那些人身上了，于是，婚前水灵清纯的模样就在婚姻里渐行渐远，忽然就有一天看见年纪不大的自己脸上有了细纹，眼里有了沧桑。接下来还会发现，先生看自己的眼光充满嫌弃，毫无怜爱。所以，以万千的婚姻案例总结，女人多爱自己，是对的。

尚芸就是特别奉行这条原则，因为她闺密的婚姻就是吃了自己太舍得爱先生而不爱自己的亏。尚芸的闺密聪明漂亮，是那种男人遇见就喜欢的类型，闺密和先生就是一见钟情结婚的，她也从不掩饰对先生的"宠爱"，就像母亲对孩子一般骄纵，几乎把所有的钱都花在了先生身上，就因为她喜欢他总是帅帅的样子。先生在她的"宠爱"之下，工作并没有进步，钱也没有多赚，却养成了吃穿高档的习惯。闺密把兼职的钱都用在打造先生上，每当有人劝她，让她长点心眼，别整天把先生打扮得像明星一样，自己却成了黄脸婆，到时候先生不爱你了哭都找不到地方。尚芸的闺密听后哈哈直笑说："不会的。"她坚信她和先生之间的感情，而且她先生本来就长得好，理应穿得好，她更享受被称谓帅男人妻子的感觉。但据尚芸知道，是闺密太爱先生了，恨不得把最好的都奉给先生享受。

不过，尚芸的闺密最后真的被自己的先生辜负了，先生表明意思，说闺密和自己如今从内到外都不在一个层次，再生活在一起大家都会觉得累。后来闺密见到了先生的现任妻子，年龄并没有多年轻，比自己还大一岁，只不过保养得很好，皮肤细润，穿着时尚。但变化最大的是自己的前夫，他比原先赚的钱多多了，整天辛苦得像条狗，还乐呵呵放言：不工作不行啊，得养漂亮的妻子。

尚芸愤愤然：以前怎么不说养漂亮的妻子。但她转过来就对闺密恨铁不成钢：以前都是你惯的。

尚芸有了前车之鉴，她自己婚后从来都只把自己的事放在第一位，坚信着"你若花开，蝴蝶自来"的道理。尚芸的先生家条件一般，两个人的工资加起来也不高，但她的用度并不寒碜，虽不过分高档，也没有多少攀比之心，但自己喜欢的衣物、化妆品还是会不假思索地买回来，从不亏待自己，每天无论是上班还是在家都会把自己收拾得漂漂亮亮的，偶尔会约好友逛街、吃西餐、看话剧，每年还会"抛弃"先生来一个说走就走的旅行，精神生活也绝对够充实的。

这样看来，谁都认为尚芸是个会生活的女人，生活质量充实且美好，作为一个现代的工薪女人，这样的婚后生活状态是令人羡慕的，一般人还是不容易达到的，这需要有一定的经济基础，一定的精力和心力，也需要一定的情趣和情操，另外还需要有一个爱自己的丈夫的支持。

前面说到尚芸的家庭收入很一般，她这样的消费对于高收入家庭来说，无可厚非，也足以承受，但对于她的家庭收入来说，就有些吃力。一方花钱享受了，另一方必定需要节衣缩食，勤俭持家。

幸福女人读婚姻

尚芸的先生对尚芸的作为很是无奈，她生活得有滋有味，连带着见识和眼界也宽阔，紧跟着人的气质也不断提升。先生每次带尚芸回父母家，或和亲戚聚会，尚芸都会收到许多赞誉，连带着先生也被艳羡。男人都有虚荣心，那时，她先生心理也是骄傲的。但婚姻是现实的，人总要面对现实。

尚芸崇尚"你若花开，蝴蝶自来"的原则，自己也确实是在婚姻活成了一朵花，任人都相信她的先生娶了尚芸真的是赚了。但这句话的意思还给女人传递了一个意思，就是女人不但会爱自己也需要自己强大，不强调强大到女强人的地步，但至少强大到自己的收入能供养得起自己的花费，那样才能从内而外地自信，享受起来才是无负担的，那样的生活质量才是真正的高质量。但尚芸的工作也就是能看得过去。工资一直是两千元左右，她所有的消费有一半需要先生的收入来垫付。

可想而知，她先生的生活质量。她先生常年就那几身衣服换洗，也从不出外旅游，甚至近年来都不怎么参加公司聚餐，有个老同学竟然问过尚芸，她先生是否身体不适，几年不见，人沧桑了许多不说，整个人的精气神都不太好。尚芸只是局促地用话语掩饰了过去，说先生近来工作比较累而已。

尚芸至今没有要孩子，我想她自己也是知道的，她爱自己的基础不牢固，是建立在家庭经济旷日剧下的基础上，也就是厚着脸皮装看不见先生的付出，但内心是否真的踏实就另一番话说了。

朋友安子和先生是裸婚，结婚之初家里没有多少东西，他俩也没有多少存款，而且安子的先生完全就是个粗糙的男人，只知道挣钱给安子，从来没有细心到去关注安子的生活细节。安子是一个文艺女人，伤心过一段时间后，就动手"丰衣足食"，开辟了一块地，种玫瑰花泡茶喝，也自制玫瑰露涂脸，学着裁剪技能，按喜好裁剪衣服，省钱又自由实惠，还亲手定制了"旅游路线"，在先生假日时两人徒步逛遍本市和周边，一个节假日一段路。

如今安子已经不用那样生活了，经济条件好得足以她任性，但安子爱自己的方式却值得提倡，不怨不忿，不讨不要，不自恋不虚荣，不自卑不傲娇，不委屈自己也不靠男人，爱了自己也爱了家人。

婚姻里的女人爱自己是对的，但爱自己的同时抛弃了家人却是蠢的。读过一篇文章说女人用精力的十分之一爱男人就够了。本人觉得这句话无可厚非，但每个婚姻的境况不同，婚姻里的女人爱自己的方法也应不同，因时、因地、因人而做适当安排才是最好的选择。

女人在婚姻里，把自己爱成一朵花，把家人也爱成一朵花应该是最幸福的，哪怕是把家人爱成一朵小花，含苞待开的花也好。

第七节

"理智婚姻"是一个骗局

"只有理智结婚,才能让历经爱情沧桑的女人重燃希望。"一位半年前刚结束一段不愉快的婚姻生活的好友振振有词地说。

我说:"我理解的你口中的理智婚姻也不过是旧酒换新瓶,把两人的软硬条件放在天平上称量一下,觉得对等,就可以发展,避免在别处浪费时间和感情,也能减少不必要的麻烦。"

好友若有所思后说:"这只是合适婚姻,在这个基础之上,还要获得一定的利益,才算理智。"

这是理智婚姻吗?看着我一脸怀疑,她意味深长地说:"这里面的水深着呢,只有在婚姻里几经沉浮的女人才会懂。"

理智,百度百科上的释义是一个人认识、理解、思考和决断的能力。用在事物上，特别是情感上，这个能力应该解释为，能够客观地认识、理解、思考和判断。可是有数不清的现实故事证明，理智往往输于情感。如果在婚姻里，一个人能以理智之心处理情感纠葛说不定只会有两种结局：极致的幸福和极致的痛苦。

小羽是我认识多年的一位驴友，旅游使她拥有开阔的心胸，包容的个性，毫不迂腐的眼光。在10年前她谈过一场惊天动地的爱情，为了个穷小子，不惜和整个富裕的家庭为敌不说，还以和家族断绝关系的名义硬"抢"到了一笔资产，然后公然和恋人自由地奔赴到他们向往的城市生活。

只是婚姻是不能高看的，当你把它想象得过于美好时，它会毫不留情地翻开另一面逗弄一下你的承受力。循环往复，如果婚姻不改变，你们也不改变，总有一天承受力会土崩瓦解。

小羽的第一次婚姻就是在这样的循环往复中消亡的。过后想想，说不上来有多少原因，有时小到一句话，如小羽的先生说："小羽，你能不能学着好好洗衣服，你看我的衬衫上老有洗不净的星星点点，怎么上班啊？"大到小羽怀孕了，先生只知道让她躺在床上养，而不记得自己要晚上12点之前回家。

当然，小羽的失败婚姻给她留下的只有情伤，直到她开始了第二段婚姻。她的第二次婚姻理智得让人惊叹。首先，家庭、样貌、收入、性格、爱好、婚史，契合度百分之八十；其次，是对事物的理解认知，他们对婚前财产的协议，对双方父母的付出度，对自己家庭的几A制，对未来子女的教育方向，都能做到商

幸福女人读婚姻

量后中和到最佳；最后，连他们在什么样的场合接什么样的吻他们都有几套方案。

看小羽现如今的婚姻生活还很不错，就忍不住探求，这婚姻在普通人看来很是累人，她是如何经营的，得到是回答是："不需要经营，只需要遵守。"我最后忍不住问这样的婚姻最大的好处是什么？她没有一点受伤的表现，很坦然地说："这个婚姻给我最大的好处就是，什么时候我都不觉得损失什么。"

细想之下，确实是这样，小羽和先生肯定在得失之间都做了最利于自己的条款。那得到的是什么呢？我很想问，又觉得不必问，小羽肯定会说，很多，比如家庭该有的温暖、爱人的关注、必要时的陪伴，等等。

可总觉得这个婚姻太理智了，理智得让人心空。只觉得能在这个婚姻里幸福的人，只有少数。毕竟我们现实中凡夫俗子众多，做不到不争不抢、不贪不求、不吵不闹。试问要有多么强大的承受力和包容度，甚至佛性，才能在这样的婚姻里安之若素。

徐丽是一家上市公司的白领，年近而立，没有任何情史。但她理解的婚姻是，女人是需要结婚的，因为需要家，需要孩子，需要老有所伴。因为她自身条件够硬，所以挑选结婚对象就像在市场里挑白菜一样——挑条件最好的。

最后她选的先生条件也是真的好，长相帅气，收入喜人，家庭耀眼，到哪里都是金灿灿地存在。徐丽对这段婚姻经营的理念就是让自己更加优秀，她什么都会和先生分担，房、车、投资理财、家庭开销,她称之为同甘共苦。对此先生甚至有挫败感。但徐丽却很有成就感,觉得因此她在这个婚姻里理直气壮,在这样优秀的先生面前也意气高昂。

但没有想到的是,她竟然得为不断涌现出来的第三者费心伤情。

当第一次有个女人出来公然和她对战时,她气愤之极,马上找先生当面对质,冷静表明:他如果钟情这个女人,她不会阻拦。先生赶紧表示,自己没这方面的意思,纯属那女人自己的行动。

但第二次有女人频繁出现在先生面前并让徐丽知道时,徐丽照样拿出上次的说辞,并加了一条,她对先生说:"如果你没有出轨的意思,就当着我的面儿让那女人滚蛋;如果有,明天请假,去民政局。"

第三次,她再次对先生加了一句话:"我说过我是个开明的女人。"只是话没说完先生就接了她的话说:"我知道你理智大度,不屑与别的女人争抢我,给我一百分的婚内自由,但这只说明,你不爱我,不在乎我,对我无欲无求。我真不明白你结这个婚是干什么?"

先生主动提出了离婚,徐丽主动分割了财产,自己该得的一分不少,属于对方的一分不拿。只是离婚后徐丽在没人的时候痛哭不已。实话说,前夫不错,条件好,但对不断涌现的第三者都能做到视而不见,正是她用自己所谓的"理智之心"推开了他。

幸福女人读婚姻

为什么会这么做？事后，徐丽认真地分析了此事，是自己隐秘的自信心不足。她到29岁还没谈过恋爱，周围的女同事被爱情婚姻折磨的事例，都刺激着徐丽，让她自认为只有自己做到强大，不在乎，高于对方，甚至做到"贤良淑德礼恭谦让"，对方自然会觉得自己好，从而不离不弃。可事实是，这样理智的"情感激将法"其实大错特错，只会让婚姻里的人感到不适、不公平、不温暖、不爱而已。

无缘无故的爱是可怕的，让人不敢相信的。如果一个女人对你毫无期许，那么她和你的婚姻连客观需要都谈不上。面对徐丽这么高尚的理智，没有男人不会这么认为。

这样的理智，是假理智。有很多女人因为此种看似讲理、大度的方法失去了爱情。这样的理智，其实是自信不足不想被看见，缺乏安全感不想被知晓。而所谓"理智婚姻"带来的极致痛苦就只有自己承受。

理智用在婚姻里，理解错误就成了死板、硬套、不会变通。不是每个庸常生活里的人都能承受和玩得转的。要不怎么会有《理智与情感》这么经典的电影留给人们思考呢？

前段时间热播的电视剧《老男孩》里有一个桥段，史非为追求林小欧，直接把她引到自己买的别墅前，把别墅钥匙交给她，表示愿和她共同装修一所房子，共同生个孩子。当林小欧直言对他没感觉时，史非特别真诚地说："我知道你刚失恋，对我没感觉，所以不要求你立即接受我，只期待你能慢慢和我培养感觉。"而林小欧的回答是："感觉是一瞬间的事，没办法培养。"

相信这句话一下子就冲击到了理智之心。理智如史非，冲动是林小欧。可现实中，相信大多数人还是"挺"林小欧的，谁结婚都得有三分冲动。而有感觉是首当其冲，虽然理智不可或缺，但用在感情和婚姻里就仁者见仁，智者见智了。

我有一位生活得很潇洒的朋友，说话直率，对理智婚姻的说法很是嗤之以鼻，她直言："理智婚姻其实就是一场骗局。原因有三：一是自欺欺人；二是主人公都或多或少有性格缺点，不自信、无安全感、自私、怯懦、抗压能力弱；三是有逃避嫌疑，逃避失恋、失业、失婚等带来的伤，给自己铸造一个所谓理智的外壳自保。"

因为现实的婚姻做不到真正的理智。你可以理智地选择爱人，理智地选择生活，但在婚姻里不可能事事都用理智之心来解决，你能掌控的永远只是自己的情绪和想法，但对方也和你同步的概率小之又小。如果你把鸡毛蒜皮的小事也用理智来衡量解决，那就必须要恭喜你的耐心和无聊；如果没有理智之心，就得坠入凡俗，争吵或论输赢或计较利益得失。如此，便无理智可说。

但就如文中提及的小羽和徐丽此类女人，她们既想在婚姻里获得公平和爱情，又想获得利益，显然都没有完全获得。小羽顶多没有失去什么，因为好像她已经放弃了自己。而徐丽看似不抢

读女幸
婚人福
姻

不占地潇洒退出了婚姻,但却让自己强撑的自信和傲娇更加像空中楼阁,这种生活得太文艺的女人在现实生活中都会吃亏。

事实上,徐丽可不就吃亏了,高傲地把好的爱人让给他人了,后悔了也不说悔,本可以在离婚时多得一些财产补偿自己,但她偏不。真不知道这样的尊严是可敬呢?还是可怜?

相比之下我觉得我的一位同事才是真正理智地选择了婚姻,她结婚前恋爱过几次,都不了了之,到了结婚的年龄,她坚定地选择了相亲,相亲对象是按条件择选的,当然是不错的。但成婚后的日子是不顺利的,吵吵闹闹,最严重的一次闹到离婚,但她选择先分居一段时间给彼此一个缓冲期。其实是给她自己一个缓冲期,但在这个缓冲期她可没闲着。

她先找人核算了一下离婚后她能得到多少财产,离婚后她找到和现在丈夫条件相当的男人的概率有多大。同时她还真就和对她有意思的两个男人以朋友式交往了一下,然后掂量了那两个男人的条件,一个太年轻,一个太年长;一个未婚,一个二婚有孩。年轻未婚的生活在小县城,未来的生活一目了然,她得跟着过拮据并包容的日子;后一个前妻家庭关系复杂,泼辣野蛮。她将来要变得更无赖才能对付,可她打死也学不来。

思量之后,她果断决定回到丈夫身边,外面的世界很精彩,但实在不好混。而现今的丈夫除了脾气暴躁外纯属无害,还勤劳肯干能赚钱。她只要好好爱他,未来的日子幸福得都能看得见。于此,理智不仅战胜了欲红杏出墙的情感,还带回了前所未有的爱心。

其实，人的理智都是和情感共生的，所谓理智婚姻也不过就是指在婚姻的某件事或某几个瞬间。用理智之心解决婚姻的太多事情，婚姻只会变得冷漠和框架式。就是内心温软之人也会被格式得失去温情。至于利益，只要你拿出足够的真诚和爱意，那婚姻里的利益又何曾是金钱所能计算的。

第八节

所谓幸福，就是两个人"俗气"地生活

朋友小毛用夸张的语气向我讲述，她几天前遇见了她从年轻时候就很崇拜的一对名人伴侣，那对伴侣郎才女貌，简直就是不食人间烟火的璧人。可她偶遇他们的地方，却是一个大型超市，两人都一副休闲打扮，衣着也十分接地气，当时两个人在商量着挑选厨房擦灶台的抹布。男的说用绿色好，女的说红的带花纹的那种更便宜。

小毛说完，一脸的不可置信。我说："他们不是挺恩爱幸福的吗？婚姻生活可不就那样，柴米油盐都得操心。"小毛却痛心疾首地说："这是幸福吗？这么俗气地生活吗？特别是那位女士，文笔清新脱俗，还写过那么多美轮美奂浪漫的爱情故事。"

我问她："你不是照样看人家的作品吗？"她立刻回答我："以后我不看了，我忽然觉得很虚假，觉得这么多年我上当受骗了。"

小毛一副心伤模样。我却很想笑，小毛是三十大几的女人，却还有着一颗少女心，对婚姻和爱情抱着梦幻美好的想象，也难怪她这么受打击。

没有结过婚的女人不能接受进入婚姻后就跌入那么现实的生活，可以理解，结过婚的女人还不能接受俗气生活就有些悲哀了。

蓬蓬结婚3年，和先生争吵了3年，原因是先生许诺她结婚后她只负责貌美如花，结果结婚后家务一大堆都是她的，工作赚钱的事还照样得干。有一次蓬蓬得空打扮得如白莲花般去逛街，正在商场逛得心情大好，休息日在家做家务的先生打来电话，说让她回家时稍带点儿盐和一瓶酱油，蓬蓬逛街的心情一下全无。

买几袋盐和一瓶酱油，不必进大超市，在门口的小超市就能搞定了，结果出来的时候，她细如锥的鞋跟被崴断了，她狼狈回家，把盐袋子往灶台上一甩，没想到盐袋被甩破了，盐直接撒得到处都是。

蓬蓬看着厨房的这一景象，顿时失控，大吼："这过的是什么日子？"蓬蓬的先生平时忍耐蓬蓬的公主病，也包容她偶尔的牢骚满腹，但那天也觉得蓬蓬过分了，反问她，你觉得自己应该过什么样的日子，或者说理想中的婚姻生活是什么样子的。

读婚姻 女人 幸福

其实这个问题,他们争吵过很多次,蓬蓬明白其中的道理,凭自己的条件,过不上十指不沾阳春水的富贵日子,也过不上如偶像电视剧里的女主角一样整天不为生活发愁,整天只谈情说爱的日子。但她心中还是执拗着婚姻生活的蓝图,那就是,婚姻里的两个人,各自努力工作,回家有兴趣了就共同做饭,无兴趣就出外点餐,不需要存很多钱,有个能住的房子即可。

她这个想法还没有说完,就被听着的好友随手敲了脑袋,大有把她敲醒之势。好友已婚,婚姻生活过得还可以。好友立即就对她的话提出了几项质疑:第一,你和你先生的志趣必须长期地相投,这点你能保证吗?第二,你能保证你们一辈子没有个病痛灾祸吗?这些都需要用到钱的,你没有钱,拿什么来解决。第三,你得有一颗不艳羡、不嫉妒、安分守己的心,因为你那能住的房子可能小、可能破、可能旧到变成危房。第四,你还需要做好孤独终老的准备,因为你没钱、没房,很可能没有孩子,因为养不起,因为养孩子就意味着整天屎尿奶粉相伴,衣着邋遢、睡眠不足、黑眼圈、半夜哄孩子,这些俗事整天缠绕你。第五,你能保证你先生能和你甘苦与共,永不背叛吗?

好友指出,这几点就和蓬蓬的婚姻理想相悖了,蓬蓬有那么好的婚姻蓝图,就是对一切好的东西有欲望、有贪念,怎么可能安于清贫、不稳定、人生不完美呢。

可完美的婚姻生活都是要付出行动去创造的,创造不仅仅是工作赚钱,还要身体力行地去做,譬如布置温馨的家、处理和先生及婆家人的关系、生养孩子、记录生活中的趣事糗事等。这些事项拿其中任何一样在外人看来都是婚姻幸福的证据,但这每一样事项的实施却都"俗气"得要命。

如打造温馨的家,无论房子大小,要打造得温馨,首先就要干净整齐,干净整齐的前提是家得打扫,打扫就需要用上抹布、手套、笤帚、拖把等,这些不得去超市或集贸市场买吗?当然拿起这些东西来也没有手挎女士包看起来利落漂亮。但挎个包不能解决这些问题。

采购这些生活用品接地气,算得上俗气,可这样的俗气却必不可少。即使来一顿浪漫的烛光晚餐,也要采购食材,至少蜡烛必不可少。可见浪漫也是建立在"俗气"基础上的。

按照这样的逻辑推论,婚姻俗气得完全和集贸市场联系在一起,当然这有点狭义。但不可否认的是,婚姻生活确实是和琐碎相伴的,如果不接受琐碎,未必能体验到真正的幸福,当然也不排除能力超众、能大把赚钱的人,雇人来打理这些琐碎之事。但难道给爱人买件内衣,给孩子梳个头发都要假以他人之手吗?

英国的前首相撒切尔夫人的工作可谓繁忙,可以称得上是日理万机,但她却几十年如一日地每天给丈夫做早餐,每天都接触油盐酱醋,难道会有人说撒切尔夫人的婚姻不幸福,俗不可耐?

其实如果仔细观察就会发现,无论多么浪漫的婚姻,一旦进入真正的生活阶段,都是极其接地气的,把婚姻过得像童话,那是骗人的;把幸福想得太神话,那是会失望的。婚姻就是一粥一

幸福女人读婚姻

饭，相濡以沫的过程。

即使看惯了偶像剧的朋友，也最终会发现，那些修成正果的婚姻在结局的最后不是小打小闹秀幸福，就是开始生了孩子秀忙乱，都俗气得要命，但无可否认，这却是公认的幸福婚姻生活。